Inneres Lächeln

Swamini Krishnamrita Prana

Mata Amritanandamayi Center, San Ramon
Kalifornien, Vereinigte Staaten

Inneres Lächeln
von Swamini Krishnamrita Prana

Veröffentlicht von:
    Mata Amritanandamayi Center
    P.O. Box 613, San Ramon, CA 94583
    Vereinigte Staaten

————————— *Smiling Within – German* —————————

Erstausgabe vom MA Center: März 2017

In Deutschland: www.amma.de

In der Schweiz: www.amma-schweiz.ch

In Indien:
    www.amritapuri.org
    inform@amritapuri.org

Inhaltsverzeichnis

1. Das Glück wählen   7
2. Praktische Lehren   19
3. Achtsamkeit entwickeln   31
4. Die Kunst der Hingabe   41
5. Die Weisheit des spirituellen Meisters   51
6. Alles ist göttlich   61
7. Die Stärke eines Löwen   73
8. Der größte Schatz des Lebens   83
9. Unsere Bürde tragen   95
10. Dankbarkeit pflegen   105
11. Liebe und Arbeit   117
12. Sorgen bewältigen   129
13. Die Freude zu dienen   141
14. Überströmendes Mitgefühl   153
15. Unerschütterliche Liebe   163
16. Die Fähigkeit zu unterscheiden   175
17. Lernen zu wählen   187
18. Von der Achtsamkeit zum Gottvertrauen
                                                      199

Die Liebe ward geboren und kam herab zur Erde
Glanzvoll und wunderbar -
eine ganz besondere Geburt
Einfach und schlicht wandelte Sie mitten unter uns
In menschlicher Gestalt - so wie du und ich

Sie überschüttete uns mit allen Gnaden
Und vergoss Ihre Tränen für die ganze Menschheit
Den Blick Ihres schönen, lächelnden
Gesichts auf uns gerichtet
Zog Sie uns sanft in Ihre Arme

Zart und liebevoll nahm Sie uns an Ihre Brust
Sie wischte unsere Tränen ab
und schenkte uns Ruhe
Sie zog uns an Sich und küsste unser Gesicht
Und sprach: „Suche Zuflucht in der Wärme
und Sicherheit meines Schoßes"

Mit Ihren Tränen läuterte Sie unseren Makel
Wie litt Sie und mühte Sich, uns
vom Schmerz zu befreien
Sie heilte, Sie lehrte und Sie läuterte
Sie betete und sang, Sie lachte und weinte

Sie wandelte unter uns, überquerte die Meere
Sie reiste um den Erdball und rief dich und mich
Sie schmückte Sich und verzierte
Ihr Haupt mit einer Krone
Sie öffnete Sich ganz und brachte Ihr Herz dar

Die Liebe kam zu uns, damit sich
unsere Augen öffnen
Sie kam als Mitgefühl, uns zu befreien
Mitgefühl und Liebe wurden zu Opfergaben
Da Sie uns Ihr eigenes Leben schenkte

Sie gab und gab, Sie gab bei Tag und bei Nacht
Sie schenkte und schenkte, bis Sie
Sich Selbst ganz wegschenkte.

Kapitel 1

Das Glück wählen

Ein kleiner Löwe fragte einmal seine Mutter: „Mama, wo wohnt das Glück?" Er bekam von ihr zur Antwort: „Mein Sohn, es wohnt auf deinem Schwanz." Daraufhin rannte das Löwenjunge den ganzen Tag unermüdlich hinter seinem Schwanz her, in der Hoffnung, ein bisschen Glück zu erjagen. Obwohl er sich den ganzen Tag abmühte, kam er dem Glück kein bisschen näher. Als er das seiner Mutter erzählte, lächelte diese und sprach zu ihm: „Mein Sohn, du musst nicht hinter dem Glück herjagen. Wenn du auf dem rechten Pfad bleibst, wird das Glück dich stets begleiten."

Amma sagt so oft: „Glück ist eine Entscheidung, genauso wie jede andere Entscheidung." Wie bewusst aber wählen wir unser Glück?

Viele Menschen leben in Vollstress, ständig auf der Jagd nach sinnlosen Dingen und verlieren dabei das Kostbarste, nämlich den Frieden des gegenwärtigen Momentes. Auf der Suche nach dem nächsten Nervenkitzel oder Vergnügen rennen wir ständig im Kreis und finden wohl nie die eigentliche Erfüllung, nach der wir uns immer sehnen.

Randy Pausch, Professor für Computerwissenschaft und Vater von drei Kindern, starb mit 47 Jahren an Bauchspeicheldrüsenkrebs. Wenige Monate vor seinem Tod hielt er vor einem überfüllten Auditorium seine Abschiedsvorlesung, mit der er Menschen weltweit inspirierte, den Tod mit anderen Augen anzuschauen.

Obwohl er wusste, dass er ungefähr noch sechs Monate zu leben hatte, hielt er seine Vorlesungen mit heiterem Enthusiasmus. Zur Demonstration seiner Fitness machte er sogar mehrere Liegestützen vor den Zuhörern auf dem Boden, um alle wissen zu lassen, dass er sogar in seinem Sterbeprozess noch voller Leben war.

Er bekannte vor seinen Zuhörern, trotz seines Wissens um sein Sterben viel Freude und Spaß zu haben und er wolle sich diese Freude an jedem so kostbaren Tag, der ihm noch gewährt sei, bewahren. Er erzählte von seinem Leben, von seinen Hoffnungen, Vorstellungen und Träumen. Durch sein Beispiel lehrte er die Menschen jeden Tag ihres Lebens so auszuschöpfen, als sei es der letzte, sowie in Dankbarkeit, Ehrfurcht und Hingabe zu sterben.

Pausch inspirierte Millionen Menschen rund um den Erdball, sich der Freude des Lebens tiefer bewusst zu werden und sich dem Tod dankbar zu überlassen. Was wäre, wenn wir wüssten, dass wir in wenigen Monaten sterben? Wie würden wir unsere Zeit nutzen? Würden auch wir die Welt so verlassen können, dass man sich an uns mit einem Lächeln erinnern würde, so wie an ihn?

Statt in Ehrfurcht und Dankbarkeit zu leben, empfinden wir uns oft leer und desillusioniert, obwohl uns so viel geschenkt wird; das ist so, weil Wünsche und Unzufriedenheit zusammen gehören.

Wir denken vielleicht, die schrankenlose Freiheit all das zu tun, was wir möchten, würde uns erfüllen, was aber nicht wahr ist. Amma erinnert uns so oft: „Kinder, Sorgen haben ihre Ursache nur in Wunschvorstellungen."

Amma erklärt uns: „Die Außenwelt verfügt zwar über Klimaanlagen, die innere jedoch nicht. Spiritualität lehrt, wie man sich innerlich ‚klimatisieren' kann. Amma spürt klar und deutlich, wie notwendig das für unsere heutige Gesellschaft ist. Die Menschen tragen brennendes Verlangen in sich und laufen wie verrückt hinter Frieden und Glück her, aber vergebens. Wohin sie sich auch wenden, begegnen sie nur Unglück, Orientierungslosigkeit, Krieg und Gewalt."

Frieden dagegen entsteht nur aus dem liebevollen Beistand für unsere Mitmenschen. Nach echten Werten zu leben, bereitet so viel mehr Erfüllung als alle Annehmlichkeiten der Welt je geben könnten. Ein liebevoller und angemessener Umgang mit den anderen ist der Weg zu innerer Ruhe.

Wir brauchen auch das richtige spirituelle Verständnis, um uns vor Enttäuschungen zu bewahren. So wesentlich gute Taten auch sind, sie sind noch nicht alles. Wir sollten uns um rechtschaffenes Handeln bemühen und uns stets der veränderlichen Natur der Welt bewusst sein und nichts von ihr zurück erwarten.

Wenn wir nicht Samen guter Taten und positiver Werte aussäen, werden uns alle möglichen Ängste quälen. Da sich in unserem ungezähmten Gemüt viel widersprüchliche Gedanken ansammeln, ist Kümmernis unvermeidbar; das sollte uns aber nicht missmutig machen.

Die Art, wie wir unsere Kräfte einsetzen, kommt entsprechend auf uns zurück. Dauerhafter Frieden und Glück entstehen aus einem selbstlosen Leben in Akzeptanz und Dankbarkeit und durch das Gefühl, dass das Leben einen Sinn hat.

Während unseres zweitägigen Programms in Bangalore machte ich nachmittags einen Spaziergang in die nähere Umgebung des Ashrams und begegnete dort drei kleinen Kindern, die neben der Straße vor einer baufälligen Hütte saßen, die wohl ihr Zuhause war. Die Wände bestanden aus zerschlissenen blauen Planen, und aus dem dünnen Dach und aus den Fenstern quoll Rauch. Die Mutter schien gerade das Essen zu bereiten.

Die Familie war extrem arm. Obwohl die Kinder in einem sichtlich ungesunden Umfeld heranwuchsen, sahen sie glücklich aus. Sie hockten am Straßenrand auf dem Boden und kreischten vor Vergnügen beim Spiel mit einem kleinen ausziehbaren Plastikspielzeug.

Ich war mir ihres schwierigen, gefährlichen Lebens am Rande der Straße bewusst, doch die Kinder schienen ganz selbstvergessen in eine wunderbare Welt voller Spaß und Frieden entrückt zu sein. Und wie steht es um uns, die wir alles haben und dennoch unzufrieden sind?

Manche Menschen entscheiden sich zum positiven Denken und zum Glück, während es anderen definitiv gefällt, sich elend zu fühlen. Wir allein entscheiden darüber.

Hier nun die Geschichte einer jungen Frau, die Amma seit ihrer frühen Kindheit kennt: Sie verbrachte als Kind einige Jahre in *Amritapuri* (Ammas Ashram in Indien). Dort durfte sie in Ammas Zimmer mit Amma und anderen Kindern manchmal sogar Kissenschlachten veranstalten.

Dieses Mädchen wurde als Teenager und mit Eintritt in die ‚High School' sehr rebellisch und verhielt sich völlig konträr zu Ammas Lehren. Sie jagte ohne Rücksicht auf die Folgen jedem Vergnügen nach, das ihr in den Sinn kam. Ihre

Eltern konnten ihre Wildheit nicht mehr bändigen.

Als sich das Mädchen mit ihrer Familie nach langer Zeit wieder auf einen Besuch bei Amma vorbereitete, wurde sie von tiefer Reue ergriffen. Sie gestand sich ein, dass ihr unkontrolliertes Verhalten sie dem Glück nicht näher gebracht, sondern unglücklich gemacht hatte.

Voller Scham und Schuld ging sie zu Ammas Darshan und war ganz nervös bei der Vorstellung, dass Amma genau wusste, was sie alles ausgeheckt hatte und dass sie sicher ausgeschimpft würde.

Amma jedoch nahm sie ganz sanft in die Arme und flüsterte ihr ins Ohr: „Meine liebe, Liebe, LIEBE TOCHTER!" Dem Mädchen wurde sofort bewusst, dass Amma genau wusste, was sie alles gemacht hatte und dass sie dennoch bedingungslos geliebt wurde. Die junge Frau lebt mittlerweile in Amritapuri und widmet ihr Leben dem *seva*, d.h. selbstlosem Dienen.

Amma ist jeden Moment vollkommen gegenwärtig und handelt absolut bewusst. Sie ist ein überfließender Quell von Tugenden, den

Sie uns in jedem Augenblick Ihres Lebens zur Verfügung stellt.

Amma wirkt auf sehr viel mehr Ebenen als für uns vorstellbar ist. Um uns mit Ammas Schwingungen verbinden zu können, muss sich unser Herz einfach nur öffnen und unser Geist sich von seiner gewohnten Ebene ein wenig emporschwingen.

Wenn wir uns zu sehr in den Dingen der Welt verfangen, verlieren wir leicht unser wahres Lebensziel aus den Augen: die Entwicklung von Liebe und Mitgefühl. Bewusstheit zu kultivieren trägt dazu bei, dieses Ziel im Auge zu behalten. Es ist der erste Schritt auf dem spirituellen Weg und führt letztendlich zur höchsten Freude und Glückseligkeit.

Achtsamkeit ist eine der wichtigsten spirituellen Fähigkeiten, die wir entwickeln können. Sie ist das Fundament aller positiven Eigenschaften und spirituellen Übungen. Achtsamkeit oder Bewusstheit ist auch die Wurzel aller anderen positiven und segensreichen Eigenschaften. Tatsächlich ist die Entwicklung von Bewusstheit das Ziel der spirituellen Praxis.

Als Amma in Amritapuri einmal in einem Gebäude am Meer wohnte, ging Sie eines Nachmittags zum Sandstrand am Meer, wo sich zu diesem Zeitpunkt nur sehr wenig Menschen aufhielten. Eine Frau saß im Sand und rezitierte das *Archana* (Sanskrit-Gebete) und war vollkommen auf die Mantren in dem kleinen Buch in ihren Händen konzentriert. Sie war ernsthaft bemüht, Achtsamkeit zu üben und sich ganz auf ihre Gebete zu konzentrieren.

Amma lief an ihr vorbei und schaute ihr ein bisschen ins Buch, doch diese Frau war wild entschlossen, sich von nichts und niemandem ablenken zu lassen. Sie nahm Amma überhaupt nicht wahr. Ironischerweise entging ihr völlig, dass das Wesen, zu dem sie so intensiv betete, in diesem Moment körperlich direkt neben ihr stand. Sie blendete Amma vollkommen aus.

So etwas passiert auch uns oft. Wir beten darum, Gott in der höchsten Form, die wir uns vorstellen können, zu verwirklichen und sind uns gleichzeitig der wahren Gegenwart des Göttlichen in uns nicht bewusst.

Wenn wir geistig wach und bewusst im gegenwärtigen Augenblick verweilen, können wir uns mit Amma verbinden, wo auch immer wir sind. Da Amma vollkommen im Hier und Jetzt ist, kann Sie unsere Gedanken und Gebete hören und beantworten.

Im vollen Gewahrsein des gegenwärtigen Momentes empfinden wir Frieden und Gleichmut und das Ego hat keinen Raum mehr, auch wenn es sich dazwischendrängen und rufen möchte: „Warte doch eine Minute, ich brauche mehr Platz!" Pech, im vollen Bewusstsein bleibt kein Platz fürs Ego! Ego und Gegenwärtigkeit können nicht gleichzeitig in uns existieren. Volle Bewusstheit lässt keinen Raum dafür.

Äußere Achtsamkeit ist wesentliche Voraussetzung für das Aufrechterhalten innerer Bewusstheit. Sie ist die erstrebenswerteste Eigenschaft. Amma erklärt uns: „Im Lichte wachen Bewusstseins sieht man alles so wie es wirklich ist." Gewahrsein führt uns zu Hingabe, Glauben und Gottvertrauen und schließlich zur Erkenntnis der alleinigen Existenz Gottes.

Der Gott, zu dem wir beten, ist verborgen vor uns, doch immer gegenwärtig. Da Er sich hinter jedem Menschen und jedem Gegenstand, dem wir begegnen, versteckt, ist ein hohes Maß an Bewusstheit erforderlich, um Augen und Herz für die einfache Wahrheit zu öffnen, dass das Göttliche und die Liebe wirklich überall gegenwärtig sind.

Wenn wir waches Bewusstsein entfalten, wird das Glück, das wir suchen, unvermittelt seine Schleusen öffnen und ein stetes inneres Lächeln in uns erwecken.

Kapitel 2

Praktische Lehren

„Als ich meine erste Liebesgeschichte hörte,
begann ich, Ausschau nach Dir zu halten
und bemerkte nicht meine Blindheit.
Liebende begegnen sich eigentlich
nicht an irgendeinem Ort.
Sie verweilen bereits einer im anderen."

– Jalaluddin Rumi

Amma erinnert oft daran, was ein spirituell Suchender entwickeln sollte: shraddha (Achtsamkeit, Bewusstheit), bhakti (Hingabe) und vishvasam (Glauben), und zwar genau in dieser Reihenfolge.

Wir sind vielleicht irritiert, wenn wir das zum ersten Mal hören. Amma erklärt es folgendermaßen: Nur wenn wir Achtsamkeit entwickeln, kann sich unsere Hingabe wirklich entfalten und zu unerschütterlichem, vollkommenem Glauben erblühen.

Shraddha verleiht uns wahre Hingabe, woraus echter Glaube entsteht. So entwickelt sich aus einer Eigenschaft die nächste, wobei die Reihenfolge zu beachten ist. Hingabe sollte weder auf oberflächlichen Gefühlen beruhen, noch auf einem Glauben, der wie der Wind kommt und geht.

Amma wählt zum besseren Verständnis ein lebendiges Beispiel: Wenn ein Ball auf die Straße rollt, während wir im Auto vorbeifahren, sollte uns bewusst sein, dass gleich ein Kind hinter dem Ball hergelaufen kommt, weshalb wir langsam und vorsichtig fahren müssen, um einen Unfall zu vermeiden.

Nachdem ich mehrmals gehört hatte wie Amma die Entwicklung von Shraddha, Bhakti und Vishvasam beschreibt, war mir immer noch nicht ganz deutlich, warum wir diese Reihenfolge einhalten sollten, bis mir eines Tages endlich alles vollkommen klar wurde.

Es war an einem jener Tage unerfreulicher Begegnungen mit Ashram-Mitbewohnern. Am Ende war ich jedoch höchst dankbar, weil mir gezeigt wurde, wie wichtig es ist, zuerst Shraddha zu entwickeln. Sind wir offenen Geistes, lernen wir aus jeder Situation etwas Wertvolles.

Auf einer Südindien-Tour wartete ich eines Abends darauf, dass Amma vom Dach eines Gebäudes, auf dem Sie *Prasad* (gesegnete Speise) verteilt hatte, in Ihr Zimmer zurückkehrte.

Normalerweise dränge ich mich nicht extra in Ammas Nähe, da so viele Menschen bei Ihr sein möchten. Ich bemühe mich aber um Geistesgegenwart, um Ihr beim Treppensteigen zu helfen. Jeder drängt sich um Amma herum und möchte von Ihr angeschaut werden, ohne zu bedenken, dass Sie eine Stufe verfehlen oder stolpern könnte, weil Sie sich auf die Menschen konzentriert und ihnen die gewünschte Aufmerksamkeit schenkt (was mehrmals passiert ist.)

An diesem Abend stellte sich eine Ashrambewohnerin genau an die Stelle, an der Amma die Treppe herunterkommen würde. Da ich an Ammas Sicherheit dachte, machte ich das Mädchen darauf aufmerksam, dass ich sie vermutlich von hinten anstoßen würde, wenn ich Amma beim Treppenabstieg helfe (da sie im Weg stand).

Ich traute mich nicht, sie zu bitten zur Seite zu gehen, da ich ihr Temperament kannte.

Sie blieb ruhig, aber kurz vor Ammas Erscheinen beugte sie sich zu mir vor und sagte: *„Sie ist MEINE Mutter!"* Und zwar in einem Ton, der deutlich machte, dass sie mich umbringen würde, sollte ich es wagen, ihr die Chance zu nehmen, Amma beim Herunterkommen zu berühren. Ich war ziemlich erstaunt, da die Leute Sannyasis normalerweise respektvoll behandeln. Aber dies gilt wohl nicht, wenn sie Amma körperlich nah sein wollen.

Als ich darüber nachdachte, wurde mir Ammas stetiger Hinweis verständlich, dass man Shraddha vor Hingabe entwickeln müsse. Jetzt plötzlich begriff ich, was Sie damit meinte und freute mich über diese blitzartige Erkenntnis.

Viele Menschen sind begeistert von Amma und entwickeln solche Anhänglichkeit, dass ihnen die anderen egal sind. Mitunter verstehen Neuankömmlinge das seltsame Treiben um Amma herum kaum. Manchmal verhalten sich die Leute bei dem Versuch, Ihr ganz nah zu kommen, wie ungezähmte Tiere.

Amma wünscht uns von Herzen die natürliche Selbstvergessenheit, wie sie die *Gopis* (Milchmädchen in Vrindavan) in ihrer höchsten Liebe zu Krishna hatten. Deren Hingabe war jedoch mit einem hohen Maß an Unschuld verbunden, einer Unschuld, wie sie nicht oft in diesem *Kali Yuga* (Zeitalter des Lasters) vorkommt. Die Gopis vergaßen in ihrer ständigen Beschäftigung mit Krishna einfach alles.

Zur Bewältigung unserer verschiedenen Lebensumstände und um uns angemessen und bewusst zu verhalten, benötigen wir Shraddha. Unsere Liebe ist oft so berechnend, dass sie eher selbstbezogen als geläutert und rein ist, was jedoch der Fall wäre, wenn wir zuerst Shraddha entwickelten.

Shraddha oder Achtsamkeit hat einen sehr viel weiteren Bedeutungshorizont als allgemein bekannt ist und bedeutet außerdem Vertrauen, Glauben, Überzeugung und Akzeptanz. Darüber hinaus bezieht sich Shraddha auf unsere Handlungsweise. Mit Shraddha bzw. Achtsamkeit zu handeln heißt zugleich, dass unsere Aktivitäten mit Sorgfalt, Achtsamkeit und klarer Gelassenheit ausgeführt werden.

Shraddha lehrt uns, dass jegliche Erscheinung dieses Universums etwas Wertvolles enthält und dass alles demselben höchsten Bewusstsein entspringt. Shraddha lässt uns letztendlich erkennen, dass Gott wirklich überall ist; für solch absoluten Fokus auf Gott braucht man aber höchste Konzentration.

Mit der Entwicklung äußerer Achtsamkeit entfaltet sich ein waches Bewusstsein des Göttlichen. Deshalb sollten wir uns unbedingt darum bemühen, stets mit bewusster Geistesgegenwart zu handeln. Unsere Kultivierung von Achtsamkeit sollte praktisch ausgerichtet sein, damit wir erkennen, wie wir zum rechten Zeitpunkt angemessen handeln.

Als wir einmal bei der Mannheimer Veranstaltungshalle vorfuhren, war eines der Mädchen so aufgeregt, dass sie Ammas Türe aufriss, noch bevor das Auto stand. Ich war ganz erschrocken und hielt Amma am Arm fest, um zu verhindern, dass Sie versehentlich aus dem fahrenden Auto gezogen wurde.

Begeisterte Hingabe ist gut, aber nur auf dem soliden Boden von Unterscheidungsvermögen. Dieses Mädchen hätte in ihrem ‚erhöhten

Zustand von Hingabe' beinahe Ammas Sturz aus dem Auto verursacht.

Warum fällt uns bewusste Achtsamkeit so schwer, wenn sie doch eigentlich unsere wahre Natur ist? Ich glaube, wir verhalten uns aus Gewohnheit so achtlos, weil wir uns zu wenig Zeit nehmen für die Entfaltung dieser vergeistigten Eigenschaft wirklicher Achtsamkeit. Es fällt uns extrem schwer, längere Zeit im reinen Bewusstsein zu verweilen, weil wir normalerweise schlafwandlerisch und ohne volle Konzentration durch die Welt gehen.

Während eines Darshantages in Amritapuri gab Amma einer Besucherin eine Handvoll *Prasad,* damit diese gesegnete Speise an alle weiter gereicht würde. Die Frau war so mit anderen Dingen beschäftigt, dass sie sich geistesabwesend alles selbst in den Mund stopfte.

Amma drehte sich zu ihr um und fragte sie: „Wo ist das Prasad?" Die Frau schaute sprachlos und starr vor Scham Amma an. (Sie hätte wohl auch nichts sagen können, selbst wenn sie gewollt hätte, denn ihr Mund war noch voll.) Als Amma das tiefe Entsetzen der Frau sah, brach Sie in heiteres Gelächter aus.

Mangelnde Aufmerksamkeit ist eine subtile schlechte Angewohnheit; wir übersehen völlig, wie wichtig es ist diese zu überwinden. Wir sind einfach gewohnt, uns treiben zu lassen, ohne uns auf den gegenwärtigen Moment näher einzulassen, weshalb uns eine tiefe, längere Konzentration oft unerreichbar erscheint.

Wir können unser gesamtes Dasein darauf verschwenden, uns auf den Schwingen der Gedanken davontragen zu lassen und in Tagträumen Abenteuer zu erleben, ohne einen Augenblick in der Gegenwart zu verweilen, wo wir sein sollten. Es gehört zu den schwierigsten Dingen des spirituellen Lebens, einfach nur im gegenwärtigen Moment zu sein.

Vor ein paar Jahren wurde ich in den Ashram des Nachbardorfes Azhikil eingeladen, um dort anlässlich eines beginnenden Schneiderkurses für Frauen die Lampe zu entzünden. Ich bin beim Ausführen des *Arati* (rituelle Gottesverehrung) immer etwas nervös, weil es mir schwerfällt mit der einen Hand die Glocke zu läuten und mit der anderen Hand das Tablett mit dem Kampfer entgegengesetzt zu schwenken. Es gerät dann alles in Bewegung: mein Gewand, meine Hände und Knie, nur die verflixte Glocke nicht!

Als der feierliche Augenblick fürs Arati kam, sollte ich zuerst die Öllampe anzünden und dann das Arati ausführen. Aber aus Anspannung begann ich sofort mit dem Arati und war überglücklich, dass es vorbei war, bis sich jemand zu mir vorbeugte und flüsterte: „Du hast vergessen die Lampe anzuzünden" Natürlich hatte eine Filmcrew die ganze Zeremonie aufgenommen, was die Angelegenheit noch peinlicher machte.

Auf dem Nachhauseweg scherzte ich darüber: „Wir machen das so in Australien, weil wir da alles andersherum machen." Es bleibt aber bis heute einer der (vielen) besonders peinlichen Momente meines Lebens.

Mittlerweile lebe ich viel mehr im gegenwärtigen Augenblick und wenn ich das Arati machen soll, versuche ich, nicht darüber nachzudenken. Statt zu denken, zu planen und zu grübeln, verweile ich einfach in der Gegenwart. Die Dinge gehen dann so viel besser von der Hand (obwohl ich noch immer die schlechteste Glockenläuterin der Welt bin).

Wahre ‚Achtsamkeit‘ zu entwickeln, klingt so einfach, so als müsse man sich nur ein bisschen mehr konzentrieren. Tatsächlich ist es viel schwieriger als es scheint.

Bewusste Aufmerksamkeit lenkt unseren Geist in die rechte Bahn, statt dass er in tausend verschiedene Richtungen abschwirrt und uns in Traumwelten und fantasierte Situationen entführt. Wenn wir unsere Aufmerksamkeit bewusst schulen, fließt uns auf natürliche Weise zur rechten Zeit und im passenden Moment das notwendige Wissen zu.

Wir sollten unseren Geist einer ständigen Kontrolle unterziehen und ihn mahnen, sich mehr des wahren inneren Selbst bewusst zu werden. *Das* sind wir wirklich; aber wir können unser mentales Geplapper kaum abstellen (dauert es doch bereits schon unser ganzes Leben) und nicht begreifen, dass wir all das, was wir meinen zu sein, nicht sind.

Wir waren einmal im Flughafen, als ein kleiner Junge, der direkt neben Amma saß, von einem Besuch bei seiner Tante zu erzählen begann: Sie hätte ihm leckere Chapattis mit Ghee geschenkt. Ich beugte mich zu ihm herüber und flüsterte: „Kannst du denn, wenn du neben der Göttlichen Mutter sitzt, nur daran denken?"

Das Kind erwiderte: „Nein, ich denke auch an Chapattis mit Ghee und Honig!"

So leben die meisten von uns halbblind und in Unkenntnis des wahren Potentials, das wir dank unserer menschlichen Geburt entfalten könnten. Wenn sich unsere Augen öffnen und wir Gottes Schöpfung in all seinem Glanz schauen, erkennen wir das wahre und dauerhafte Glück.

Kapitel 3

Achtsamkeit entwickeln

„Forme dein Leben zu einer Girlande aus wunderbaren Taten."

– *Buddha*

Wir alle befinden uns, wissentlich oder unwissentlich, auf dem spirituellen Weg, egal ob wir an Gott glauben oder nicht. Unserer menschlichen Geburt verdanken wir die Chance zur Transformation in etwas Höheres. Die Evolution *selbst* führt uns auf den Pfad von Spiritualität.

Die Entwicklung von Shraddha, im Sinne von Achtsamkeit, bringt uns auf dem Weg der Spiritualität näher an das Ziel eines friedvollen Lebens. Selbst diejenigen, die meinen, sie seien an Spiritualität überhaupt nicht interessiert, werden bei allem, was sie tun, unbedingt davon profitieren, wenn sie achtsamer handeln. Bewusstheit braucht man für jeden Aspekt des Lebens, nicht nur für Spiritualität. Selbst ein Dieb braucht zum Bestreiten seines Lebensunterhaltes absolute Achtsamkeit!

Ein Mädchen verlor ihr Federmäppchen und war überzeugt, Amma habe es ihr weggenommen und versteckt. Ein anderes Mädchen aber entgegnete: „Nein, Amma tut nur gute Dinge. Du hast dein Federmäppchen aus Mangel an Shraddha verloren!"

Darauf erwiderte das erste Mädchen: „Nein, ich verliere nie etwas. Ganz bestimmt hat Amma es mir weggenommen. Es war wie damals, als ich gegen ein Bett gelaufen in. Ich weiß, dass Amma das Bett verrückt und mitten ins Zimmer gestellt hat, denn dort stand es vorher auf keinen Fall. Ich laufe nie gegen etwas!" Wie stur der Geist ist, er wirft immer anderen (und Amma) die eigenen Fehler vor.

Es verlangt enorm viel Aufmerksamkeit, wenn man in Ammas Umfeld etwas plant, denn man hat es stets mit einer Vielzahl von Faktoren zu tun, die die Angelegenheit komplizierter machen. Amma ist immer bereit uns zu führen und zu lenken, wenn unsere Bemühungen nicht gründlich genug waren.

Vor einigen Jahren in Penang, Malaysien, hatten wir für das Programmende Ammas Weg von der Bühne herunter sorgfältig hergerichtet oder meinten es zumindest. Als Sie aufstand, nachdem Sie Tausenden von Menschen Darshan gegeben hatte, rückten wir Ihren *Pitham* (erhöhter Sitz) nach hinten, um Ihr fürs Weggehen Platz zu schaffen.

Draußen wartete eine Riesenmenge Menschen darauf Amma zu sehen. Sie waren spät angekommen und hatten draußen bleiben müssen, da die Stadiumtore geschlossen worden waren, wegen der vielen Menschen, die schon drinnen waren.

Als Amma hörte, dass draußen noch viele Menschen verzweifelt auf Ihren Darshan warteten, ließ Sie die Tore öffnen, damit sie herein kommen konnten. Amma möchte niemals jemanden wegschicken. Es war bereits Nachmittag und Amma hatte seit dem vorhergehenden Abend (ohne zu essen oder zu ruhen) die Menschenmenge empfangen. Nun setzte Sie sich unverzüglich dort, wo Sie stand – am Rande der Bühne – auf den Boden und gab noch den ganzen Nachmittag Darshan, bis Sie wirklich jeden umarmt hatte.

Als ich den Gang kontrollierte, der für Ammas Aufbruch vorbereitet worden war, entdeckte ich, dass ein Bodennagel aus dem Teppich hervorragte. Ich entfernte ihn voller Furcht, was sonst noch auftauchen könnte und wir untersuchten den Bereich nochmals ganz sorgfältig. Als Amma Ihren Darshan schließlich beendet hatte, verließ Sie die Bühne nicht auf der von uns vorbereiteten Seite, sondern lief barfuß auf der entgegengesetzten Seite hinaus.

Niemand von uns hatte daran gedacht, die andere Seite der Bühne nach Glassplittern oder rostigen Nägeln abzusuchen. Das entspricht ganz Ammas Art: Egal, wie gut wir vorbereitet sind, erwischt Sie uns immer dann bei mangelnder Aufmerksamkeit, wenn wir es am wenigsten erwarten.

Amma hält uns auf Trab, weil Sie weiß, dass Mitgefühl auf der Grundlage von Achtsamkeit entsteht. Ohne waches Bewusstsein sind wahres Verstehen und reine Liebe nicht möglich. Wenn wir uns Ammas Leben anschauen, erkennen wir, dass Ihre Wahrnehmung des menschlichen Leids unmittelbar tiefes Mitgefühl und endlose Geduld in Ihr hervorrufen.

Jeden Tag erzählen Ihr viele kranke Menschen von Herz- und Nierenproblemen, von Diabetes und anderen schwerwiegenden Krankheiten. Menschen aller Gesellschaftsschichten leiden und kommen aus verschiedenen Gründen mit dem Leben nicht zurecht. Ihr Leiden entsteht oft wegen schlechter Ernährung, Geldmangel oder unzureichender Gesundheitsversorgung.

Aus diesem Grund lehrt Amma peinlich genau jeden von uns, mit den Dingen sorgfältig umzugehen und nichts zu verschwenden. Sie weiß, dass noch mehr Menschen geholfen werden kann, wenn wir mit den uns anvertrauten Ressourcen sorgfältig umgehen.

Amma sagt halb im Scherz, es sei Ihre Aufgabe, all Ihre *Brahmacharis* (zölibatär lebende spirituelle Schüler), die die Bauarbeiten des Ashrams verrichten – seien es Krankenhäuser, Schulen oder Häuser für Arme – zu prüfen.

Während dieses ‚Bau-Quizz‘ fragt Sie die Männer: „Wie viele Steine braucht man zum

Bau von soundsoviel Quadratmetern? Wie viele Zementsäcke braucht man für diese bestimmte Fläche?" Amma kennt die genaue Antwort, weil Sie im Laufe der Jahre jedes Detail für jeden einzelnen Bauaspekt ausgearbeitet hat.

Anfangs besteht niemand Ammas Prüfung, da keiner sich um all die Kniffligkeiten seiner Arbeit kümmerte. Mithilfe von Ammas Führung und Anweisungen entwickeln sie jedoch ein außergewöhnliches Niveau an Bewusstheit in verschiedenen Lebensbereichen, die man üblicherweise nicht mit Spiritualität in Verbindung bringen würde.

Amma zeigt uns, wie *alles* miteinander verbunden ist und bringt uns bei, dass Achtsamkeit für all unsere täglichen Handlungen erforderlich ist. Wir sollten unbedingt alles über das jeweilige Thema lernen, mit dem wir uns gerade befassen. Unser begrenztes Ich lehnt sich bisweilen dagegen auf, mit dem Argument, die uns übertragene Aufgabe habe nichts mit Spiritualität zu tun, aber wir müssen trotzdem weitermachen.

Amma betrachtet niemals eine Sache als spirituell und eine andere als weniger spirituell oder weltlicher. Sie kennt die wahre Natur von allem und sieht überall das Gute. Ihr einziger Gedanke ist: ‚Wie kann ich den Bedürftigen helfen?‘ Sie ist ein Strom von Liebe und befasst sich mit allen Schwierigkeiten sowie Ecken und Kanten des Lebens. Sie erzieht uns zum korrekten Umgang mit allem, was uns begegnet, ohne ein noch so kleines aber wichtiges Detail zu übersehen.

Bei der Vorbereitung zum Programm von Ammas 50. Geburtstag, Amritavarsham, planten die freiwilligen Helfer der Küche den Kauf von vier Millionen Papier-Esstellern für das Viertage-Programm, was einen Riesenabfallberg erzeugt und mit 3,5 Rupien pro Teller ein Vermögen gekostet hätte.

Amma beauftragte die Helfer stattdessen Metallteller zu kaufen, die nach der Veranstaltung zur weiteren Verwendung an Ihre Ashrams verteilt wurden. Diese Investition war schonend für die Umwelt und sparte enorm viel Geld, das dann den Armen zugute kam.

Amma kann uns stets den besten Weg weisen, unsere Aufgaben so sorgfältig wie möglich und mit dem geringstmöglichen Aufkommen an Abfall zu bewerkstelligen. Wir haben einfach nicht die Weite Ihres Bewusstseins, um so zu denken und zu planen wie Sie. So viele Leute möchten lieber den kostenaufwendigen, aber bequemen Weg gehen.

Amma versucht unermüdlich, uns diesen Grad an Bewusstheit zu vermitteln, weil Sie weiß, dass sich dadurch unser inneres Wissen in Weisheit verwandelt. Die Quelle der Spiritualität entspringt der Verfeinerung, Weiterentwicklung und bewussten Ausrichtung unserer urinnersten Gabe der Bewusstheit.

Vor vielen Jahren schenkte jemand einer Schwester von Amma einen dicken goldenen Armreifen für ihren kleinen Sohn. Als Ihre Schwester sich einmal fertig machte, um in die nächste Stadt zu fahren, sah Amma, dass das Kind den Armreif trug und gab zu bedenken, dass das Kind ihn draußen verlieren würde.

Ihre Schwester hörte nicht auf Sie und ging mit ihrem Sohn zum Bus. Beim Einsteigen bemerkte sie, dass der Armreif von seinem Handgelenk verschwunden war. Sie regte sich furchtbar auf und lief denselben Weg zurück, in der Hoffnung, den goldenen Reifen zu finden, jedoch vergebens.

Den Tränen nahe kam sie nach Hause und noch bevor sie Amma die schlechte Nachricht mitteilen konnte, sagte Sie: „Nun, du hast den Armreifen verloren, warum dann noch Tränen vergießen?" Da erinnerte sich die Schwester an Ammas Warnung und ihr wurde bewusst, dass sie darauf hätte hören sollen.

Auf unserem Weg durch das Labyrinth des Lebens sind wir Myriaden unterschiedlicher Situationen ausgesetzt und sollten dennoch stets unser Ziel verfolgen, um nicht aus dem Auge zu verlieren, warum wir eigentlich hier sind. Im Lichte dieses Ziels wird uns deutlich, dass die äußeren Dinge, die uns so viel Freude und Leid bescherten, sich auf natürliche Weise von selbst erledigen. Die Entwicklung von Achtsamkeit trägt dazu bei, auf dem spirituellen Pfad viele Schritte voran zu kommen und mehr Frieden im Leben zu erreichen.

Ich kenne ein kleines Mädchen, das seine Ammapuppe immer bei sich hat. Amma zeigt ihr durch die Puppe so viele Dinge des Lebens, lehrt sie Mitgefühl und den Umgang mit Menschen.

Eines Tages erzählte mir dieses Kind, ihre Puppe mache gerade ein Nickerchen unter ihrem Pullover. Ich fragte sie, warum Amma denn so müde sei (Amma schläft nur selten). Das Kind antwortete, Amma bekomme nicht viel Schlaf. Sie habe Ihre Augen immer offen, weil Sie Ihre Liebe nicht stoppen könne! Diese kleinen Kinder in ihrer Unschuld verstehen Amma manchmal auf einer viel tieferen Ebene als viele von uns.

Mit wacher Aufmerksamkeit und Unterscheidungsvermögen können wir vom Verstand ins Herz sinken. Wenn uns das gelingt, werden wir feststellen, dass wir nicht wirklich ‚gesunken‘ sind, sondern uns aus dem Griff von Negativität in einen höheren und viel angenehmeren Seinszustand ‚erhoben‘ haben.

Läutert euer Denken und ihr werdet überall das Göttliche leuchten sehen. Wenn die Göttliche Mutter euch an den Rand des Kliffs führt, vertraut und lasst los. Sie wird euch entweder auffangen oder lehren zu fliegen.

Kapitel 4

Die Kunst der Hingabe

„Ich war deprimiert hinsichtlich des Lebens und der Liebe. Dann begegnete ich einer Frau namens Ammachi und Sie schenkte mir mein Lächeln wieder. Dunkelheit kann sich gegen Sie nicht behaupten.“

– Jim Carey

Das verwickelte Muster des kosmischen Plans verbindet alles in dieser Dimension mit anderen Dimensionen und Lebensspannen. Dieser Plan ist höchst komplex, faszinierend und Ehrfurcht gebietend und er läuft vollkommen präzise ab, doch stets auf völlig unerwartete Weise.

Auch wenn wir nicht einmal am Anfang stehen, die unermessliche Reichweite des kosmischen Plans zu ergründen, sollte uns stets bewusst sein, dass alles nach göttlichem Willen geschieht. Nur mit diesem Bewusstsein gewinnen wir einen flüchtigen Einblick in die wirkliche Natur alles Seins und erkennen, wie wir uns korrekt darin bewegen. Ein solches Verständnis verleiht uns Frieden.

Während einer Südindientour fiel in Coimbatore ständig der Strom aus. Alle waren äußerst besorgt, weil es in Ammas Zimmer keinen Strom gab. Amma aber saß glücklich in Ihrem Zimmer bei einer Öllampe, dessen Licht sanft die Dunkelheit erhellte. Sie war keineswegs vom Stromausfall beunruhigt, erfreute sich vielmehr am sanften Schein der Lampe, der Sie an Ihre Kindheit erinnerte. Amma akzeptierte alles und stellte sich froh und zufrieden darauf ein.

Alle befürchteten Unbequemlichkeiten für Amma; Sie hat jedoch eine andere Einstellung und macht immer aus jeder Situation das Beste. Wir sollten uns bemühen, im Leben alles mit einer positiven Haltung anzunehmen. Was immer geschieht, es gibt keine Fehler. Wir müssen einfach in jeder Situation unser Bestmögliches geben, da wir die Vielschichtigkeit des kosmischen Plans niemals voll verstehen.

Amma verwandelt all unser Tun in spirituelle Übungen. Da so viele Menschen mit Ihr reisen möchten, erfordert die Vorbereitung der Touren mit solch großen Gruppen ein enormes Maß an Unterscheidungsvermögen, Mühe und Achtsamkeit. Es ist eine große Herausforderung, schwierige Probleme, die irgendwo unbemerkt lauern könnten, vorauszusehen, doch Amma lenkt alles auf vollendete Weise.

Im Juli 2011 befanden wir uns auf einer Veranstaltung in Tokio – nur wenige Monate nach dem schwersten Erdbeben, das Japan jemals getroffen hatte und dem alsbald ein gewaltiger Tsunami gefolgt war. Diese doppelte Naturkatastrophe hatte ein unvorstellbares Maß an Zerstörung ausgelöst: Mehrere Atomreaktoren waren defekt und es trat hochgiftige Radioaktivität aus. Tausende von Menschen waren gestorben. Eine heftige Welle von Angst verbreitete sich in Japan und wirkte sich in der ganzen Welt aus.

Hunderttausende von Menschen mussten evakuiert werden. Überall auf der Welt war man besorgt wegen drohender radioaktiver Verseuchung.

Amma reagierte auf entgegengesetzte Weise. Sie wollte die betroffenen Gebiete besuchen, um die Menschen dort zu trösten. Sie verstand deren Trauma nur allzu gut.

Obwohl alle Amma vor der gefährlich hohen Radioaktivität in diesen Gebieten warnten, ließ Sie sich nicht abschrecken. Sie verbot einfach allen Sie zu begleiten, fügte aber hinzu, nur wer wirklich mit Ihr reisen wolle, solle mitkommen. Natürlich entschieden sich alle mitzureisen.

Amma ließ einige Ihrer japanischen Kinder den schnellstmöglichen Reiseweg in die betroffenen Gebiete erkunden, da es auf den Touren mit Amma zeitlich nie viel Spielraum gibt. Sie plant immer schon etwas für den nächsten Tag nach einer Tour (manchmal bereits für denselben Tag). Um jedes vorgesehene Programm einhalten zu können, durfte selbstverständlich keine Zeit verschwendet werden. Amma kennt kein Bedürfnis nach Ruhe (im Gegensatz zum Bedürfnis der meisten von uns).

In Tokio war eine mehrtägige Veranstaltung vorgesehen, mit weniger als einem Tag Pause bis zur Weiterfahrt zum nächsten mehrtägigen Programm in Osaka. Da 50 Personen mit Amma reisen wollten, war es für die lange Fahrt am schnellsten und preisgünstigsten, per Camper, Minibus und dann mit dem Zug zu reisen.

Amma achtet bei Ihren Reisen um die Welt immer darauf, weder Zeit noch Geld zu verschwenden. Sie hat das Elend zu vieler Menschen vor Augen, die wegen ein paar fehlender Rupien leiden. Sie bringt uns bei, in allen Bereichen sehr bewusst zu planen und sich um die einfachste, leichteste und unkomplizierteste Vorgehensweise zu bemühen, um Zeit und Ressourcen zu einzusparen.

Mit dieser peinlich genauen Sorgfalt kann alles Ersparte direkt in die karitativen Projekte fließen, um diejenigen zu unterstützen, die so viel weniger haben als wir. Dieses bewusste Planen trägt zur Entwicklung wirklicher Achtsamkeit bei.

Auf unserer eiligen Reise in das Gebiet des Tsunami wurde unsere Aufmerksamkeit getestet. Wir nahmen einen sehr schnellen Hochgeschwindigkeitszug und mussten während der Fahrt mehrmals umsteigen. Wir wurden gewarnt, dass uns nur wenig Zeit zum Umsteigen bleiben würde.

Während des ersten Reiseabschnitts hatte einer der japanischen Organisatoren das große Glück, neben Amma sitzen zu dürfen. Er ergriff die Gelegenheit, Ihr einige Fragen zu stellen. Ich konnte glücklicherweise Ammas Antworten auch mithören.

Der Mann befragte Amma über persönliche Probleme und wie er damit in der Geschäftswelt, in der er lebte, umgehen sollte. Amma antwortete ihm mit ganz schlichten, aber tiefgründigen Worten: „Achtsamkeit und Hingabe sind genau dasselbe; diese beiden Eigenschaften sind die zwei Seiten einer Münze. Du musst lernen dich allem, was dir im Leben widerfährt, zu überlassen, egal, was es ist. Wir denken, es sei hart sich dem hinzugeben. Die Leute empfinden es als wirklich schwierig und fragen sich: ‚Wie soll mir denn Hingabe gelingen?‘ Wenn du dich wirklich bemühst, wirst du entdecken, dass es schließlich gar nicht so schwierig ist."

Dieser Mann konnte während der ersten Zugfahrt einen solch inspirierenden kleinen Satsang hören. Ich dachte darüber nach, welches Glück er hatte, über etwas so Tiefes wie Achtsamkeit und Hingabe nachzudenken.

Als es so weit war und wir alle in den nächsten Zug umsteigen mussten, hielt dieser Mann nach allen Ausschau, da wir in einer großen Gruppe miteinander reisten. Er bewahrte Ammas und meine Fahrkarte bei sich, ging voraus und unsere große Gruppe folgte ihm dicht.

Wo immer sich Amma aufhält, versuchen alle Ihr so nah wie möglich zu sein; wenn es nicht erforderlich ist, versuche ich nicht, direkt neben Amma zu sein. Ich bin oft sehr gerne hinten in einer Gruppe; deshalb geriet ich diesmal ganz ans Ende der Reihe der Devotees.

Ich stieg mit allen ein und befand mich im hintersten Zugteil. Da mir bewusst war, dass ich durch die einzelnen Abteile bis nach vorne laufen musste, wo Amma war, bewegte ich mich dorthin. Der arme Bursche aber, der mein Ticket in der Hand hielt, sah mich nicht und dachte treuherzig: ‚Oh, Swamini Amma, sie ist nicht so schlau, vermutlich hat sie den Zug verpasst!‘ In der Meinung, ich hätte mich verlaufen, lief er zurück auf den Bahnsteig, um mich zu suchen.

Plötzlich fuhr der Zug los. Ich war sicher an Bord, aber dieser Mann dachte, es sei besser zurück zu bleiben und auf mich zu warten, falls

ich den Zug verpasst hätte und an einem fremden Ort gestrandet wäre. Es tat mir unendlich
leid für ihn, war es doch mein Fehler, dass ich
nicht früher da war, aber ich hatte gedacht, es
sei ihm klar, dass ich tatsächlich klug genug
war, in den Zug einzusteigen. Ich sollte nicht
im fremden Land ausgesetzt werden!

Als der Zug losfuhr, blieb der arme Mann auf
dem Bahnsteig zurück, aber wenigstens hatte er
als Trost unsere speziellen Tickets bei sich und
zur Begleitung einen wunderbaren Satsang zum
Nachdenken über ‚Achtsamkeit‘ und ‚Hingabe‘.
Somit bekam er unmittelbar nach Empfang seines Satsangs die Gelegenheit Gottergebenheit
zu üben; glücklicherweise konnte er schon kurz
darauf den nächsten Zug nehmen.

Amma weiß, dass viele Menschen auf das
Wort ‚Hingabe‘ sehr erschrocken reagieren, weil
sie meinen, das hieße, ihre Brieftasche zu leeren,
all ihren Besitz abzugeben und zum Bettler zu
werden. So ist das aber nicht gemeint. Hingabe
oder Gottergebenheit bedeutet, mit angemessener Haltung alles, was auf uns zukommt,
anzunehmen.

Da das Wort ‚Hingabe‘ so viele Menschen erschreckt, rät uns Amma, es nicht bei Menschen zu verwenden, die sich der vollständigen Bedeutung noch nicht bewusst sind. Wir sollten stattdessen von ‚Achtsamkeit‘ sprechen, da es sich um ein und dasselbe handelt.

Amma bietet uns sehr tiefgründige Lehren. Wir müssen sie in uns aufnehmen und konkret im Leben umsetzen und nicht einfach als spirituelle Informationen in der verstaubten Bibliothek aufbewahren, die wir im Kopf mit uns herumtragen.

Um Spiritualität konkret einzuüben, ist es nicht notwendig sich hinzusetzen und zu meditieren oder spezielle Rituale durchzuführen. Einfach auf die praktischen Dinge des Lebens zu schauen, kann tief spirituell sein. Eine der großartigsten und tiefgründigsten Übungen besteht darin, mit wachem Bewusstsein durch die Welt zu gehen.

Kapitel 5

Die Weisheit des spirituellen Meisters

*„Ein Schriftsteller besuchte ein Kloster, um ein
Buch über den spirituellen Meister zu schreiben.
Er fragte ihn: ‚Die Leute nennen dich ein Genie.
Bist du es?‘
‚So könnte man sagen‘, antwortete ihm der
Meister wenig bescheiden.
'Und was macht einen zum Genie?‘
'Die Fähigkeit zu erkennen.‘
'Was zu erkennen?‘
'Den Schmetterling in der Raupe; den Adler
im Ei; den Heiligen in einem Egoisten."*

– Anthony de Mello S.J.

Amma sagt, der permanente Zustand absoluter Hingabe *ist* Gottverwirklichung. Doch wer
kann das von sich behaupten? Amma weiß, dass

keiner von uns vollkommene Hingabe besitzt. So weit ich das beurteilen kann, ist tatsächlich nur Amma vollkommene Hingabe. Sie bringt Sich wirklich jeden Tag uns und all unseren kleinen Begehrlichkeiten dar.

Devotees bitten Amma oft, die traditionelle Zeremonie der Fußwaschung durchführen zu dürfen und Sie zu schmücken. Amma lehnt dies öfter ab, weil Sie so nicht verehrt werden möchte. Wenn die Menschen weiter insistieren, gibt Amma schließlich nach und erlaubt es ihnen, einfach aus Mitgefühl und im Verlangen, ihre Wünsche zu erfüllen und sie glücklich zu machen.

Die Fußwaschungszeremonie gilt als Symbol absoluter Hingabe des spirituell Suchenden an seinen spirituellen Meister und geschieht am Ende eines besonders langen Darshans. Sehr wenig Menschen bedenken, wie viele Stunden Amma am Ende eines solchen Programms schon gesessen hat, ohne aufzustehen und die Beine auszustrecken. Nun erwarten sie von Ihr noch länger zu sitzen, damit sie am Ende eines Programms eine ‚Hingabe‘-Zeremonie ausführen können.

Natürlich ist Amma diejenige, die Sich schließlich hingibt, indem Sie widerstrebend diese Zeremonie erlaubt. Ich empfinde Sie oft als ‚Sklavin der Liebe'. Sie ergibt Sich demütig unseren ständigen Wünschen.

So viele von uns nutzen Ammas Bereitschaft zu dienen unbewusst aus. Wir sollten Amma in den Rang unserer Meisterin erheben, anstatt Sie zu unserer Sklavin zu machen. Aber unser heftiges Verlangen ist so stark, dass wir oft unseren Kopf durchsetzen wollen, um unsere endlosen Bedürfnisse zu erfüllen.

Dennoch *sind* wir auf der mühsamen Straße zur wahren Freiheit. Wir wollen diese zwar erreichen, doch die meisten von uns schlagen den bedächtigen Touristenweg ein, verweilen da und dort, um sich genüsslich alle Sehenswürdigkeiten und Attraktionen auf dem Weg anzuschauen. Manchmal macht es so viel Spaß, sich in *Maya* (Täuschung) zu verlieren und alles Mögliche auszuprobieren, was Freude macht, um einen Geschmack von dauerhaftem Glück und wahrer Erfüllung zu bekommen. Am Ende aber stehen wir nur vor einem großen klaffenden Loch, in dem aller Spaß versickert.

Gelegentlich verlieren wir uns stunden- oder tagelang oder sogar jahrelang in einer Fantasiewelt voller Albträume, die aufsteigen, wenn wir unseren Geist nicht kontrollieren. Unsere ungezügelten Gedanken und Gefühle erfinden verrückte Szenarien.

Auf der USA-Tour bleiben wir normalerweise vor dem New Yorker Programm eine Nacht in New Jersey. Einige Leute, die mit uns reisten, darunter ein kleiner Junge, fuhren in einem Jahr in einem separaten Auto von New Jersey zur Programmhalle. Die Fahrt war ziemlich lang und jeder war müde.

Das Kind schlief im Auto ein und erwachte erst, als wir durch Chinatown fuhren. Es schreckte hoch und geriet in Panik und rief zum Fahrer: „O nein! Wir sind falsch gefahren. Wir sollen doch zum Programm nach New York, aber jetzt sind wir in China gelandet!" In seiner Vorstellung war das Auto in die falsche Richtung gefahren und er war ganz besorgt, weil er glaubte, wir seien bereits um die halbe Welt gefahren!

Die Mitreisenden zogen ihn auf und stimmten ihm zu: „Ja, du hast recht. Wir sind falsch gefahren und jetzt sind wir in China. Was sollen wir jetzt machen?"

Als wir schließlich im Programm ankamen (was lange dauerte, da es von China bis nach New York weit ist!), lief der Junge auf seine Mutter zu und rief: „Sie haben mich nach China mitgenommen! Wir mussten nach China fahren, um hierher zu kommen."

Wir können über den treuherzigen Irrtum des Jungen lachen, aber verhalten wir uns wirklich ganz anders? So oft hängen wir Fantasien nach, meistens intensiver und viel weniger unschuldig als bloß zu denken, wir wären im falschen Land. Welche Welten erschaffen wir wohl?

Jeden Tag schickt uns Gott Ereignisse, die auf uns zugeschnitten sind, um uns Hingabe zu lehren, doch leider verkennen wir oft, was sie wirklich sind, nämlich, Botschaften des Lieben Gottes. Ständig mischt sich der Geist ein, färbt unsere Sicht der Dinge und versucht alles zu seinem Vorteil zu manipulieren.

Wenn wir beispielsweise zuhören dürfen wie Amma jemandem in der Nähe einen Rat erteilt, sagt unser Geist vielleicht: ‚Nun, Amma hat nicht mit mir direkt gesprochen; Sie sprach mit jemand anderem. Dieser Rat gilt nur dieser Person.' Da der Verstand sich nicht disziplinieren lassen will, verdreht er jede Situation, um schnellstens zu entwischen.

Es ist praktisch unmöglich unser Ego loszuwerden, aber wenn es uns gelänge, würden wir erkennen, dass Gottes Antlitz in allem aufleuchtet, was wir im Leben erfahren. Dann könnten auch wir vollkommene Hingabe verkörpern, die uns so an Amma fasziniert.

Amma akzeptiert stets den Fluss des Lebens mit all seinen kleinen, unbequemen Überraschungen. Wie ein Fluss umfließt Sie sanft und anmutig alle auftauchenden Schwierigkeiten, in dem Wissen, dass Felsen und andere Hindernisse einfach ein Teil des göttlichen Lebensflusses sind.

Wenn ich die Chance habe, auf unseren westlichen Touren nahe bei Amma zu sein, vergesse ich bisweilen Ihr Allwissen und versuche Ihr weltliche Dinge beizubringen. Wir sitzen beispielsweise im Flugzeug und Sie nimmt auf unübliche Weise ein Brötchen, bricht etwas davon ab, tunkt es in Ihr Wasserglas und isst es; oder Sie nimmt eine kleine Portionspackung Butter oder Margarine, öffnet sie und isst mit dem Löffel etwas davon.

In solchen Fällen neige ich dazu zu sagen: „Amma, weißt Du, wie man das macht? Wir essen das Brötchen so und verteilen die Butter so darauf und essen es dann. Das ist bei den Westlern so üblich."

Amma antwortet dann ganz interessiert: „Oh, wirklich?" als hätte ich Ihr gerade eine höchst wertvolle Information gegeben. Sie hört mir immer geduldig und bescheiden zu, wenn ich Ihr etwas über die Welt beibringen möchte.

Einmal nahm Sie eine Tafel Schokolade und schnitt sie oben mit einem kleinen Buttermesser auf, entnahm vorsichtig das weiche Innere und verteilte es auf dem Brötchen, wie ich es Ihr gezeigt hatte, sozusagen.

Am Flughafen schenkte einmal jemand Amma ein kleines Päckchen. Später, als wir im Flugzeug saßen, öffnete Amma es; es enthielt ein Brötchen. Sie brach ein Stück ab und begann zu essen. Sie bot mir und einer anderen Person in Ihrer Nähe etwas an und erklärte uns: „Das ist Tapioka-Brot."

Die andere Person probierte etwas und widersprach dann heftig, das sei kein Tapioka, sondern ein Käsebrötchen. Amma gab nicht nach: „Es ist Tapioka!" Es schmeckte wirklich wie Tapioka aus Kerala, aber die andere Person widersprach nochmals.

Da fiel mir plötzlich die überlieferte Geschichte von Krishna ein. Er und sein Lieblingsschüler Arjuna spazierten im Wald. Krishna erblickte einen Vogel im Baum und sagte zu Arjuna: „Schau mal hoch, Arjuna, da ist ein wunderschöner Vogel im Baum. Ich möchte wissen, was für ein Vogel das ist. Ich glaube, es ist eine Eule. Was meinst du, Arjuna?"

Arjuna erwiderte ohne einen zweiten Blick auf den Vogel zu werfen: „Ja, mein Herr, ich denke du hast recht. Es ist eine Eule."

Krishna dachte einen Moment nach und korrigierte sich: „Das kann keine Eule sein, denn sie kommen nur nachts heraus. Es muss ein Falke sein, meinst du nicht auch, Arjuna?"

Arjuna antwortete ohne einen Blick auf den Vogel: „Ja, du hast recht. Es ist ein Falke." Krishna änderte mehrmals seine Meinung und bezeichnete den Vogel jedesmal anders. Arjuna widersprach nicht; er stimmte einfach jedesmal zu.

Schließlich fragte ihn Krishna: „Arjuna, hast du denn keine eigene Meinung? Warum stimmst du mir jedesmal zu?"

Arjuna antwortete: „Mein Herr, ich muss dir zustimmen, weil ich weiß, dass du die Macht hast, eine Eule in einen Falken oder selbst einen Adler in einen Schwan zu verwandeln. Das alles ist dein göttliches Spiel."

Als ich die andere Person an diese Geschichte erinnerte, fügte ich hinzu: „Wenn Amma sagt, es ist Tapioka, dann ist es Tapioka-Brot!"

Wir können versuchen mit Amma zu rechten, weil wir uns nicht ergeben wollen, aber das ist keine gute Idee. Manche Leute diskutieren mit Ihr und beteuern: „Amma, das ist so und nicht so." Amma hört ihnen geduldig zu und wenn sie nicht aufhören wollen, ist Sie schließlich diejenige, die nachgibt.

Amma bringt das Beispiel von zwei Lastwagen, die sich auf einer einspurigen Straße begegnen. Wenn beide vorwärts wollen, keiner aber den Weg freimachen will und rückwärts fährt, kommen beide nirgendwo an. Sie stecken beide fest. Einer muss nachgeben, damit beide vorwärts kommen können.

Möchte man Amma gegenüber Recht behalten, gibt Sie bereitwillig nach. Bei so vielen Gelegenheiten sagte Sie: „Mir macht es nichts aus vor euch zu verlieren." Das Problem aber ist, wenn Amma verliert, wer ist dann der wirkliche Gewinner? Wir nicht.

Wenn wir mit dem Meister streiten wollen, sind schlussendlich wir die Verlierer. Der größte Sieg besteht darin, sich dem Meister zu ergeben. Wir haben überhaut nichts zu verlieren, nur unsere negativen Eigenschaften und den Müll, den wir innerlich mit uns tragen.

Amma hat nichts zu verlieren. Sie lebt in einer Welt, in der nichts Sie beunruhigen kann. Wir dagegen leiden unter unserem schrecklichen inneren Chaos. Wir sollten unsere Niederlage eingestehen und mit Ammas Gnade den Griff unseres Egos lösen und uns von seinen knebelnden Fesseln befreien. Nur dann werden wir zu wahren Gewinnern.

Kapitel 6

Alles ist göttlich

*„Alle Missgeschicke und Probleme in
meinem Leben haben mich gestärkt. Ein
Schlag ins Gesicht ist vielleicht das Beste,
was dir passieren kann, auch wenn dir das
in dem Moment noch nicht bewusst ist.“*

– Walt Disney

Hingabe zu entwickeln ist eines der schwierigsten Dinge im Leben. Auch wenn das nicht
so sein sollte, entspricht es oft der Realität.

Wahre und vollkommene Hingabe entsteht
in einem sehr, sehr langen Prozess, von dem die
meisten von uns nur hoffen können, ihn eines
Tages zu vollenden. Zum Glück inspiriert uns
Amma mehr als irgendjemand auf der Welt zu
Hingabe. Wenn es uns jetzt noch nicht gelingt,
besteht kein Grund zur Sorge. Wir werden

einfach wiederkommen, immer und immer wieder, bis wir es gelernt haben!

Amma versprach uns als rettende Gnade, dass Sie wiederholt wiedergeboren werde, um uns zum Ziel der Gottverwirklichung zu führen. Zweifellos wird Sie Ihr Versprechen halten. Wenn wir uns bemühen, all die scheinbar kleinen Gelegenheiten, die sich uns täglich bieten, ergeben hinzunehmen, ist das immerhin eine gute Übung. Wir können nur versuchen unser Bestes zu geben.

Die indischen Touren mit Amma bieten den Leuten eine großartige Chance, die Kunst der Hingabe oder Gottergebenheit zu üben. Wir hören dort z.B. „Einsteigen ins Fahrzeug, kommt raus aus dem Fahrzeug, steigt in den Bus ein, aussteigen aus dem Bus!" Das kann fünf oder sechsmal passieren, bevor wir irgendwo hingefahren sind! An diesem Punkt fragen sich die Leute oft: ‚Was ist denn hier los?' Manchmal ist es aber gut, einfach zu gehorchen und darauf zu vertrauen, dass irgendjemand weiß, was los ist.

Menschen, die zum ersten Mal nach Indien kommen, fragen gewöhnlich bei allem

„warum?", z.B. „In den Bus einsteigen." „Warum?" oder „Aussteigen aus dem Bus", „Warum?" Da natürlich niemand eine logische Antwort geben wird – obwohl es immer eine gibt – fragt man besser nicht länger. Es gibt einen guten Grund, der sich dahinter verbirgt; es gibt ihn wirklich.

Alles hat einen sinnvollen Grund, auch wenn wir vielleicht lange Zeit nicht begreifen, warum sich die Dinge so entfalten wie sie es tun. Manchmal testet uns die göttliche Liebe einfach, um zu sehen, wie viel Vertrauen und Hingabe wir wirklich haben.

Ein Devotee von Amma erzählte mir von seinem Erlebnis auf unserer Tour durch Singapur, Malaysien, die Inseln Réunion und Mauritius und Kenia. Wir nannten sie liebevoll die ‚Tropische Trauma Tour', da es überall wo wir waren, unbändig heiß und feucht war. Nach dieser Tour ins Ausland kehrten wir nach Cochin zurück, wo es genauso heiß und feucht war wie jenseits des Meeres. Anscheinend konnten wir nirgends der Hitze entkommen. Wir brannten innerlich und äußerlich.

Dieser Mann wollte der Hitze und Intensität der Tour entkommen und zurück in den Ashram. Amritapuri erschien ihm wie eine Oase in der Wüste. Er war erschöpft von den ständig hohen Temperaturen, der Intensität der Programme und den endlos langen Fahrten. Alles, was er wollte, war zurück in den Ashram zu fahren, sich in seinem Raum einzuschließen, unter einem kühlenden Ventilator zu entspannen und sich friedlich von allem und allen zurückzuziehen.

Als er hörte, ein Bus werde noch vor Ende des Cochin-Programms nach Amritapuri zurückfahren, war er ganz aufgeregt bei dem Gedanken, dem noch bevorstehenden Rest der strapaziösen Südindientour bequem entkommen zu können.

Am frühen Morgen nahm er sein Gepäck, ging zum Bus und fragte den Fahrer: „Amritapuri?" Da der Fahrer ein ‚ja' nickte, kletterte der erschöpfte Mann in den Bus und fiel rasch in Schlaf.

Der Fahrer hatte den Mann wohl falsch verstanden (oder dieser hatte dessen Kopfnicken falsch gedeutet). Das Nächste, was dieser

Devotee sah, als er recht benommen nach ein paar Stunden aus seinem Nickerchen erwachte, war Palakkad am Horizont, die nächste Station der Tour. Zunächst war er geschockt, enttäuscht und auch etwas ärgerlich, aber allmählich machte er sich bewusst, dass es einfach der göttliche Plan war, dem er sich ergeben musste.

Manchmal geben wir uns wirklich alle Mühe, um vor etwas auszureißen, bis uns bewusst wird, dass wir dem überhaupt nicht entkommen können. Unser Schicksal verfolgt uns überallhin. Wir alle müssen an einem bestimmten Zeitpunkt Hingabe lernen. Warum nicht sofort damit beginnen?

Diesem Mann wurde bewusst, dass die Situation, in der er sich befand, eine wichtige Lektion enthielt und so überließ er sich bereitwillig dem Fluss der Ereignisse. Das endete damit, dass er die einmonatige Tour bis zum Schluss mitmachte, denn er hatte begriffen, dass das zu seinem Besten war.

Gott wird immer das letzte Wort behalten, egal, wie unsere Pläne und Entscheidungen sind. Die Natur, unsere Mitmenschen und alles andere im Leben arbeiten irgendwie auf die eine oder andere Weise zusammen, um uns zu zwingen, uns dem göttlichen Willen zu unterwerfen. Die Situation, der wir ausweichen wollten, wird uns im Leben wiederbegegnen, wenn nicht sofort, dann später auf unserem Weg. Sie wird so lange immer wieder auftauchen, bis wir uns den Herausforderungen stellen und die Konsequenzen unseres Handelns annehmen.

Wenn sich scheinbar alles gegen uns verbündet und uns das Leben in eine unliebsame Richtung schieben will, sollten wir das so verstehen, dass wir in eine Ecke geboxt werden, um eine wichtige Lektion zu lernen. Wenn wir uns verweigern, kommt dieselbe Situation noch oft auf unterschiedliche Weise wieder zurück. Es gibt kein Entrinnen.

Vor ein paar Jahren wollte Amma Ihre Mutter, Damayanti Amma, im Ashram mehr in Ihrer Nähe haben. Sie wollte den Gesundheitszustand Ihrer Mutter, die im fortgeschrittenen Alter war, aufmerksam beobachten.

Eines Abends, auf unserem Weg zurück von den Bhajans, wandte Amma Sich mit der Frage an mich: „Hast du einen anderen Platz, um deine Arbeitsdinge unterzubringen?" (Ich nutzte den Raum direkt unter Ammas Wohnung als Lagerplatz.)

"Nein," antwortete ich. Mir stand nur dieser Lagerplatz zur Verfügung; er war anfangs der erste Meditationsraum des Ashrams.

Amma fragte nochmals: "Hast du denn wirklich keinen anderen Platz zum Aufbewahren all deiner Dinge?"

Ich verstand nicht, warum Amma mich dies zum zweiten Mal fragte und ohne nachzudenken, antwortete ich wieder: „Nein, Amma, habe ich nicht."

Amma versuchte es geduldig ein drittes Mal und stellte mir nochmals dieselbe Frage; vermutlich dachte Sie, Sie habe nach Ihrer dritten Frage vielleicht das Glück, ich sei klug genug, um zu begreifen, was Sie meinte (was leider nicht der Fall war.)

Schließlich erklärte Sie mir ausführlich bis ins Detail, dass Sie aus meinem Lagerraum einen Wohnraum für Ihre Mutter machen wolle. Ich war etwas verlegen, weil ich das nicht begriffen hatte und dass Amma drei Versuche machen musste, um Ihr meinen Lagerplatz zu überlassen.

Als ich das verstanden hatte, antwortete ich unverzüglich: „Selbstverständlich, Amma. Du kannst den Lagerraum natürlich bekommen, ich finde woanders Platz zum Lagern der Dinge. Ich werde einfach zwei Tage benötigen, um alles wegzubringen." Amma sagte daraufhin nichts mehr.

Am späteren Abend kam jemand, um mir zu sagen, dass meine Dinge bis acht Uhr morgens aus dem Lagerraum entfernt sein müssten, weil Amma den Raum für Ihre Mutter brauchte und sie noch einiges darin verändern wollten.

Mich bedrückte es, dass ich aufgrund meines ungewollten Mangels an Hingabe die Situation nicht wirklich verstanden hatte. Amma hatte mich dreimal fragen müssen, bevor ich wirklich die Situation kapierte und Ihr den Raum anbot.

Es genügt, wenn wir Liebe für Amma empfinden und versuchen uns ganz Ihr zu überlassen, selbst wenn uns die Hingabe nicht vollkommen gelingt. Die Sehnsucht nach Hingabe wirkt sich bereits vorteilhaft für uns aus. Sie verändert die Gedankenmuster, die innerlich entstanden sind, und schließlich wird uns Gnade durchströmen.

Ich bin mir bewusst, dass dies die Erfahrung meines Lebens ist.

Wenn wir einer sehr herausfordernden Situation begegnen, kann Hingabe oder Gehorsam extrem schwierig sein. Auch wenn es nicht leicht ist, sollte uns bewusst sein, dass wir immer genau das erhalten, was wir benötigen und dass alles, was uns geschieht, immer zu unserem Besten ist.

Amma weiß, was wir brauchen und wie Sie uns helfen kann, das Ziel zu erreichen; daran sollten wir nie zweifeln. Wenn aber dunkle Wolken des Schmerzes und der Verwirrung sich vor das Licht unseres Unterscheidungsvermögens schieben, mag es nicht immer leicht sein, uns auf diese Wahrheit zu besinnen.

Es gibt im Epos ‚Mahabharata‘ eine Erzählung über den großartigen Krieger Bhishma. Er führte ein bemerkenswert gutes und großmütiges Leben. Als er am Ende sterbend auf dem Schlachtfeld lag, schoss Krishna ihm als Unterlage ein Bett aus Pfeilen auf den Boden, auf dem er liegen sollte.

Bhisma schaute verwundert in den Himmel: ‚Warum muss ich dieses erleiden? Ich habe mich stets um ein tugendhaftes und reines Leben

bemüht.' Er hielt Rückschau auf all seine zurück-
liegenden Leben und versuchte herauszufinden,
welche Fehlhandlungen Ursache seines großen
Leidens waren.

Er rief aus: „Ich habe auf dreiundsiebzig
Leben zurückgeschaut, um die Ursache dieses
Leidens zu ergründen und sehe nichts, das mir
solch großen Schmerz verursachen könnte." Er
konnte nicht begreifen, warum er zu solch him-
melschreiendem Leid gezwungen wurde, wenn
er sich doch um ein so frommes und untadeliges
Leben bemüht hatte.

Krishna antwortete freundlich: „Nichts in
diesen dreiundsiebzig Leben, aber wenn du noch
einmal zurückschaust, in das vierundsiebzigste
Leben, wirst du sehen, dass du eines Tages auf
der Jagd im Wald ein Insekt grausam verletzt
und vorsätzlich seziert hast. Deshalb musste
eine arme Kreatur sinnlos unter deinen Händen
leiden. Das ist der Grund, warum auch du leiden musst, auch wenn das so viele Leben später
stattfindet. Du kannst dein noch bestehendes
Karma (Gesetz von Ursache und Wirkung) nur
ausrotten, indem du durchbohrt wirst von den
Pfeilen, auf denen du liegst."

Wir können die Komplexität des Karmas überhaupt nicht durchschauen. Aus unserer begrenzten Sichtweise mag unser Leiden zwar unbegreiflich sein, aber es sollte uns bewusst sein, dass das Leben keine Fehler macht. Alles, was wir tun, löst eine Reaktion aus. Alles, was uns widerfährt, entspricht dem komplexen und immer vollkommenen kosmischen Plan.

Was für uns bestimmt ist, kommt auf uns zu, egal, wie viele Wutanfälle wir haben, wie oft wir mit den Füßen aufstampfen, schreien, brüllen oder fluchen. Egal, was es ist, wir müssen annehmen, was kommt; es gibt keine andere Wahl. Warum sollten wir nicht, statt uns zu beklagen, uns auf den inneren Frieden einlassen, der entsteht, wenn wir uns ergeben und alles freundlich annehmen?

Kapitel 7

Die Stärke eines Löwen

„Tue so, als seiest du die Person, die du gerne wärst. Eines Tages merkst du, dass du es nicht mehr vortäuschen musst."

— *Unbekannter Autor*

Jemand fragte mich: „Wann soll ich mich ergeben und wann soll ich sein wie ein Löwe? Kann sich ein Löwe ergeben, ohne zum Schaf zu werden?"

Amma sagt, wir sind Löwen und nicht Schafe. Im wütenden Stimmengewirr um uns herum aber wären ein paar freundliche, schafsähnliche Stimmen vielleicht eine nette Abwechslung, doch Amma ermahnt uns zur Tapferkeit. Es erfordert wirklich die Stärke eines Löwen, um sich in jeder Situation zu ergeben. Ich bin mir sicher, wir können unerschrockene, barmherzige

Löwen werden, die ihre Unterscheidungskraft einsetzen.

Amma sagt uns immer wieder: „Ihr seid keine kleinen Lämmer, ihr seid junge Löwen und besitzt ein unbegrenztes, noch nicht entwickeltes Potential in euch!" Obwohl Sie uns unermüdlich daran erinnert, sträuben wir uns, es wirklich zu glauben.

Wir tragen ein unerschöpfliches Kraftwerk an Energie und Stärke in uns, das wir überall hin mitnehmen. Auch wenn diese Stärke schwer fassbar und oft kaum spürbar ist, heißt das nicht, dass sie nicht vorhanden ist. Stärke ist unser wahres Wesen. Über diese Wahrheit sollten wir nachdenken und sie tief in uns verankern.

Wir sollten im Leben nicht aufgeben, sondern durchhalten, auch wenn wir noch so schwierige Situationen durchstehen müssen. Indem wir in dieses Leben geboren wurden, begegnen uns ständig Herausforderungen, denen wir uns stellen müssen. Ein spirituelles Leben ist im Grunde genommen nichts für Willensschwache; wir müssen mutige spirituelle Krieger werden.

Wenn ich höre, wie Amma uns daran erinnert, denke ich: „O nein, ich bin am falschen Platz!" Mit Ihrer Gnade aber kann ich die Dinge dann irgendwie bewältigen. Amma verleiht uns immer die nötige Stärke, wenn wir Sie darum bitten.

Es gibt viele Möglichkeiten, um zu erstarken. Manchmal zeigt sich Stärke als ruhige Anwesenheit, indem man einfach dasitzt und zuhört. Ruhig und friedlich gegenwärtig zu sein ist gewöhnlich überzeugender und mutiger als all die aggressiv schreienden und brüllenden Stimmen um uns herum.

Wir sollen wirklich wir selbst sein und nicht auf die anderen schauen oder sie beneiden. Wenn wir authentisch sind, laden wir andere dazu ein, es auf ihre eigene Weise auch zu sein.

Es wird die Geschichte eines Königs erzählt, der eines Morgens in seinen Garten ging, um zu entdecken, dass alles verdorrte und abstarb. In der Nähe des Tores stand eine alte Eiche; der König fragte, was sie denn bekümmere. Die Eiche erzählte ihm, sie sei lebensmüde und wolle sterben, weil sie nicht so groß und schön sei wie die Kiefer; die Kiefer aber war niedergeschlagen, weil sie keine Trauben hervorbringen konnte wie der Weinstock. Der Weinstock wollte einschrumpfen und verschwinden, weil er nicht aufrecht stehen und solch schöne Früchte wie der Pfirsichbaum entwickeln konnte. Unter den Blumen regte sich die Geranienpflanze darüber auf, dass sie nicht so groß und duftend war wie die Lilie, und so ging es weiter durch den ganzen Garten.

Als der König zu einem Gänseblümchen kam, war er angenehm überrascht, dass dessen leuchtendes Gesicht so fröhlich aufgerichtet war wie immer. „Nun, Gänseblümchen, ich bin glücklich, dass ich mitten in dieser Mutlosigkeit wenigstens eine tapfere kleine Blume entdecke. Du bist anscheinend überhaupt nicht niedergeschlagen."

Das Gänseblümchen erwiderte: „Obwohl ich nicht viel darstelle, bin ich glücklich, weil ich weiß, dass du, wenn du eine Eiche oder eine Kiefer oder einen Pfirsichbaum oder eine Lilie gewollt hättest, eine gepflanzt hättest. Da ich weiß, dass du ein Gänseblümchen wolltest, bin ich entschlossen, das beste kleine Gänseblümchen zu sein, das ich sein kann."

Es sollte uns bewusst werden, wer wir in unserem vollentfalteten Potential wirklich sind. Amma spornt uns unablässig an, sich dem Schicksal zu stellen und bringt uns in Erinnerung, dass unser Selbst-Vertrauen, d.h. Vertrauen in unser wahres Selbst, uns durch alles hindurchtragen wird. Selbstvertrauen ist der Filter, der alle Furcht entfernt.

Furcht ist sehr schwer zu kontrollieren, da sie unwillkürlich entsteht. Selbst wenn wir unser Urteilsvermögen einsetzen und uns sagen: ‚Es gibt nichts zu fürchten‘, kann sie aufkommen. In solchen Fällen bleibt uns nur, tief durchzuatmen, unser Selbstvertrauen anzurufen und weiter zu gehen. Wenn wir das üben, lassen sich schließlich alle Situationen bewältigen.

Selbst Amma bekommt manchmal einen trockenen Mund, wenn Sie eine wichtige Rede halten soll, obwohl Sie Sich innerlich vor überhaupt nichts fürchtet. Bei bestimmten Anlässen bekommt man halt einen trockenen Mund.

Vor ein paar Jahren wurde Amma im Anschluss an die Freigabe des Films ‚Darshan‘ nach Paris zu einer Preisverleihung eingeladen, bei der Sie eine Rede halten sollte. Unmittelbar vor Ihrer Rede wurde Ihr Mund etwas trocken. Die amerikanische Schauspielerin Sharon Stone, die Sie begleitete, war deswegen beunruhigt. Amma kam gut mit der Situation zurecht, aber Sharon besorgte Amma eine Flasche Wasser.

Ich war in diesem Moment nicht in Ammas Nähe, sondern saß hinten im Raum und übersetzte Ihre Rede ins Englische. Ich glaube, sie gossen das Wasser in eine Sprudelflasche und steckten einen Strohhalm hinein. Alle, die ganz vertraut mit Amma reisen, wissen, dass Sie natürlich nicht aus einem Strohhalm trinkt, aber zu unserer Überraschung nahm Amma die Flasche und nippte am Strohhalm. Jeder amüsierte sich und klatschte.

Ich schaute von meiner Übersetzung auf und dachte: ‚O nein, was ist los? Amma unterbricht nie eine Rede, um etwas zu trinken!‘ Diesmal aber machte Sie es, denn das war das einzig Richtige in dieser Situation. Man hatte Ihr etwas zu trinken angeboten und zum Entzücken aller nahm Sie es charmant an.

Als das Video später bearbeitet wurde, schnitt das Team die Strohhalm-Szene heraus. Als sie das Video Amma später vorspielten, stellte Sie eine Frage: „Wo ist die Szene, in der ich etwas trinke? Fügt sie wieder ein." Wir waren vollkommen erstaunt, dass Sie das im Video haben wollte. Sie war keineswegs verlegen, machte vielmehr das Beste aus der ungewöhnlichen Situation und lachte mit allen darüber.

Wir fürchten uns oft bei dem Gedanken, andere könnten uns etwas vorwerfen oder beschämen, aber wie Amma uns so freundlich in Erinnerung bringt: „Wir sind alle Perlen, aufgereiht auf demselben Faden".

Furcht und Verlegenheit gehören einfach zum Ego, das sich unwillkürlich bemerkbar macht. Da sie subtil immer vorhanden sind, ist es so schwierig, sie vollkommen los zu werden. Trotzdem müssen wir beherzt weitermachen und jeder Situation mit Stärke begegnen.

Schmerz ist unvermeidlich, doch es liegt an uns, ob wir leiden. In allen Situationen hat man die Wahl, ob man leiden will. Wenn wir das Richtige zur rechten Zeit tun, nehmen wir wahr, dass wir mit den Herausforderungen des Lebens zurechtkommen können.

Den meisten von uns ist bewusst, dass Hingabe etwas ganz Wesentliches ist, doch unser

Mangel an Geduld erschwert ihre Entfaltung. Wenn wir uns in Erinnerung rufen, dass es in jeder Situation viel zu lernen gibt und dass der Pfad zur Hingabe eine lebenslange Reise ist, werden wir eines Tages unser Ziel erreichen.

Lasst uns bemüht sein, jede noch so unbedeutende Situation als Test der Meisterin oder des Göttlichen anzusehen, dazu geschaffen, uns etwas Wesentliches zu lehren. Amma gab bei einer Gelegenheit offen zu: „Ich teste euch in jeder Situation." Wenn wir vollkommen davon überzeugt wären, gelänge uns Hingabe viel leichter und wir wären befreit von Furcht. Wir sähen alles angemessen, in positivem Licht und würden immer sehr bewusst handeln.

Vor einigen Jahren auf der Europa-Tour hatten zwei Kinder Spaß daran, dem Arzt der Truppe zu ‚assistieren', wenn Leute als Patienten kamen. Sie machten alles, was der Arzt ihnen sagte und man sah sie oft das Stethoskop halten und den Herzschlag der Patienten prüfen.

Einmal kam eine Frau herein und sofort bot ihr eins der Kinder eine Tablette an. Sie wurde ärgerlich und schimpfte mit dem Jungen: „Nein, das darfst du doch nicht machen! Du kannst den

Leuten doch nicht einfach Tabletten geben!" Später erkannte sie, dass das Medikament, das der Junge ihr angeboten hatte, genau dasjenige war, das sie benötigte.

Die meisten von uns finden immer etwas, um sich zu beschweren. Wir hören viel zu oft auf die negativen Seiten unseres Geistes und tatsächlich ist er oft unser vertrautester Ratgeber! Aber wenn uns Hingabe gelingt, können wir erkennen, dass alles von Gott kommt. Mit dieser Einstellung erreichen wir sicher unser Ziel. (Dennoch ist es nicht gut, medizinische Empfehlungen von unerfahrenen Kindern anzunehmen, so wesentlich Hingabe auch ist!)

Es ist eigentlich seltsam, dass Hingabe für uns so schwierig sein sollte, da es so wohltuend ist sie zu praktizieren. Wenn wir alles loslassen können und freudig bejahen, was uns auf dem Weg begegnet, erfahren wir himmlischen Frieden.

Alles, was uns im Leben begegnet, sind Botschaften Gottes und Gnade, die zu uns strömt, um unsere negativen Eigenschaften aufzulösen. Es verlangt dennoch ein enorm waches

Bewusstsein, um sich auch in schweren Zeiten Gott zu ergeben.

Wenn wir alles im Leben mit der richtigen Einstellung akzeptieren, werden wir an die Schwelle zur Gottverwirklichung geführt.

Kapitel 8

Der größte Schatz des Lebens

„Wenn du deprimiert bist, lebst du in der Vergangenheit, wenn du Angst hast, lebst du in der Zukunft, wenn du in Frieden bist, lebst du in der Gegenwart."

– Lao Tse

Es sollte doch nicht so schwierig sein, sich für das Glück zu entscheiden. Warum gelingt uns das nicht? Dankbar anzunehmen, was kommt und darauf eingestellt zu sein, ist alles, was wir tun müssen. Wir könnten das Glück, das sich uns so oft entzieht, leicht finden, wenn wir auftauchende Hindernisse einfach annehmen würden, anstatt von unserer Umgebung zu erwarten, dass sie sich unseren Wünschen anpasst.

Zwei preisgekrönte Tennisspielerinnen unterhielten sich einmal. Die Eine erzählte der Anderen von einer ihrer wichtigsten Lektionen. Sie hatte sich beschwert, dass die Tennisbälle so hart auf dem Spielfeld aufprallten. Ein Freund, der ebenfalls ein großartiger Champion war, hatte ihr entgegnet: „Negativ darauf zu reagieren, wie ein Ball aufprallt, ändert nichts daran; Meister stellen sich einfach darauf ein."

Es erfordert enorm viel Anstrengung, Ausdauer und Disziplin, um es bis zur Meisterschaft zu bringen. Wenn wir lernen das Beste aus den schwierigen Situationen zu machen, die uns im Leben begegnen, können auch wir zum Meister werden. Doch nur die wenigsten von uns bringen die erforderliche Mühe und Selbstdisziplin auf, um ihre Gedanken, Gefühle und Handlungsweisen zu kontrollieren.

Theoretisch müssen wir uns nur auf die Umstände einstellen, so gut es geht und zufrieden sein mit dem, was ist. Klingt ziemlich einfach, oder?

Als jemand Amma fragte: „Amma, warum kannst du das *Kali Yuga* (Zeitalter des Lasters) nicht ins *Satya Yuga* (Goldenes Zeitalter) verwandeln?" erwiderte Amma: „Das ist schwierig. Es ist besser, wenn sich jeder selber verändert. Es ist am besten, wenn man sich Schuhe anzieht, bevor man versucht, die ganze Welt mit Teppichen auszulegen."

Unser Leben ist immer voller Hindernisse. Es ist am besten, das Ego im Zaun zu halten und sich trotzdem zu entscheiden glücklich zu sein. Wenn wir uns in Erinnerung rufen, dass alles, was wir im Leben erfahren, segensvoll ist, obgleich es sich manchmal erschreckend hässlich verkleidet, wird alles für uns leichter.

Amma ist für uns da und steht uns in unseren Schwierigkeiten bei. Sie offenbart uns Perlen der Weisheit, mit denen Sie uns durch die Mysterien des Lebens führt. Ihr Körper verbraucht Sich vollkommen, indem Sie beinahe täglich Darshan gibt, um sicher zu sein, dass jeder, der zu Ihr kommt, versorgt ist.

Sie versucht, dass jeder, der das wirklich braucht, einen persönlichen Moment mit Ihr hat, selbst wenn Tausend andere lautstark Ihre Aufmerksamkeit fordern. Amma opfert Sich unentwegt, um uns zu erheben, aber können wir von uns ehrlich behaupten, dass wir angemessen Gebrauch machen von dem, was Sie uns schenkt?

Aus Nordindien kam eine alte Frau mit zwei schwerhörigen Kindern und bat Amma, dass sie geheilt werden. Amma sagte ihr, Sie werde für sie beten und gab ihr zwei kleine Bananen als Prasad. Die Frau weigerte sich jedoch das Prasad zu essen, weil sie keine Bananen mag.

Nun hatte die Frau für ihre Familie Heilung erbeten, lehnte aber Ammas gesegnetes Geschenk ab. Wir erbitten so viele Dinge, wollen aber nicht zuhören; wir sträuben uns, die uns erteilten Anweisungen demütig anzunehmen.

Wir sollten versuchen, Ammas Lehren in unser Leben zu integrieren. Jeder möchte Amma reden hören, möchte ganz nah bei Ihr sein und Sie berühren, aber wollen wir wirklich Ihre Lehren befolgen? Wenn Ja, dann müssen wir sie praktisch umsetzen.

Kürzlich saßen wir während eines Programms in Chennai auf der Bühne, als ein übler Gestank von der nahen Männertoilette durch die nachmittägliche Luft herüberwehte. Manche Leute entzündeten Räucherstäbchen, mit denen sie den Gestank zu überdecken versuchten. Ich fragte mich, ob irgendjemand daran gedacht hatte, die Toilette zu *reinigen,* anstatt vergebens zu versuchen den Geruch zu überdecken.

Mit wurde bewusst, dass die schnelle Lösung, die diese Devotees wählten, eigentlich eine sehr gute Analogie zu unserer eigenen Lebensführung ist. Wir sprühen einfach auf alles Parfum, statt dass wir uns innerlich reinigen und läutern. Wir baden und schrubben unseren Körper, legen ein Deodorant auf und parfümieren uns hübsch, damit niemand unsere wahre Natur entdeckt. Wir laufen mit so viel innerem Müll in unserem verfallenden Körper und Geist herum und meinen fälschlicherweise, dass wir alle täuschen können, einschließlich Gott.

Amma bietet uns alles. Sie schenkt uns alle Weisheit, Gnade, Segen und Liebe, die wir brauchen. Sie gibt uns durch Ihre eigene Handlungsweise ein praktisches Beispiel, wie man leben soll, aber damit Ihre Geschenke für uns zum inneren Gewinn werden, brauchen wir die Bereitschaft, sie wirklich in uns aufzunehmen.

Wir müssen die Schritte tun, um die uns gegebenen Lektionen umzusetzen und sollten unseren Kopf nicht einfach mit Informationen vollstopfen, sondern diese auch anwenden.

Die Pfarrerin Crystal Boyd schrieb einen wunderschönen Text, als sie durch eine extrem schwierige Lebensphase ging. Sie schickte ihre inspirierenden Worte per email an ihre Freunde. Das ermutigte diese so sehr, dass sie ihre Worte an andere weiterschickten, bis sie schließlich immer weiter um die ganze Welt reisten und dabei Millionen von Menschen berührten.

Sie schrieb:

"Dein Leben wird immer voller Herausforderungen sein. Es ist am besten, wenn du dir das eingestehst und dich entscheidest, trotzdem glücklich zu sein. Einer meiner Lieblingszitate stammt von Alfred D. Souza. Er sagte: 'Lange Zeit kam es mir so vor, als würde das Leben beginnen, das wirkliche Leben. Aber es lag ständig ein Hindernis auf dem Weg, das erst bewältigt werden musste, eine unvollendete Arbeit, die Zeit erforderte oder eine Schuld, die bezahlt werden musste. Dann würde das Leben beginnen. Schließlich dämmerte es mir, dass diese Hindernisse mein Leben waren.'

Diese Sichtweise hat mir zu der Einsicht verholfen, dass es keinen Weg zum Glück gibt. Glück ist der Weg. Schätze deshalb jeden Moment, den du hast und schätze ihn umso mehr, weil du ihn mit jemand Besonderem geteilt hast, der ungewöhnlich genug war, um deine Zeit mit ihm zu teilen. Und denk' daran, dass die Zeit auf niemanden wartet.

Höre auf zu warten, auf das Ende der Schulzeit, bis du wieder zur Schule gehst, bis du zehn Euros verlierst, bis du zehn Euros gewinnst, bis du Kinder hast, bis deine Kinder das Haus verlassen, bis zum Beginn deiner Anstellung, bis zur Rente, bis du verheiratet bist, bis du geschieden bist, bis Freitagnacht, bis Sonntagmorgen, bis du ein neues Auto bekommst, bis zur Abbezahlung deines Autos oder Hauses, bis zum Frühling, bis zum Sommer, bis zum Herbst, bis zum Winter, bis du keine Sozialhilfe beziehst, bis zum Ersten oder Fünfzehnten, bis dein Lied herauskommt, bis du etwas getrunken hast, bis du nüchtern bist, bis du stirbst, bis du wiedergeboren wirst, um festzustellen, dass es keine bessere Zeit gibt, glücklich zu sein als genau jetzt.

Glück ist eine Reise, kein Reiseziel."

Wenn jemand Amma eine selbstgezogene Pflanze oder ein Gemüse mitbringt, leuchtet Sie vor Begeisterung. Manche Leute meinen vielleicht zynisch: ‚Es ist doch nur ein Gemüse', aber Amma weiß, dass Freude aus der inneren Einstellung erwächst. Sie erfreut Sich an der Liebe und dem Respekt, aus dem heraus sich jemand die Mühe machte, diese Pflanze oder dieses Gemüse hoch zu ziehen. Selbst wenn jemand einfach eine Pflanze kauft, um sie Ihr zu schenken, würdigt Amma die Liebe, mit der Ihr dieses Geschenk überreicht wird.

Sie hat immer eine positive Einstellung und ist von allem begeistert. Amma ist das vollendete Beispiel dafür, wie man die Dinge im Leben annehmen soll; dabei spielt es keine Rolle, wenn es einfach nur Gemüse ist. Mit der richtigen Einstellung kann uns alles Freude bereiten.

Wir sollten uns daran erinnern, dass alles, was wir im Leben erfahren, Gottes Wille ist und Gott ist nur Liebe. Man muss einfach nur ‚durch die Augen der Liebe' schauen, um die wahre Natur von allem zu erkennen; jede kleine Kartoffel, Babytomate oder jedes Spinatblatt ist eine herrliche Manifestation der Liebe Gottes. So schaut Amma auf die Welt und Sie zeigt uns, wie wir die Welt auch so sehen.

Es gibt zum Nachdenken ein großartiges Zitat von Melody Beattie: „Dankbarkeit erschließt die Fülle des Lebens. Sie macht aus dem, was wir haben, ein ‚mehr als genug'. Sie verwandelt Ablehnung in Anerkennung, Chaos in Ordnung und Verwirrung in Klarheit. Sie kann aus einer Mahlzeit ein Festessen machen, aus einem Haus ein Zuhause, aus einem Fremden einen Freund. Dankbarkeit verleiht unserer Vergangenheit Sinn, bringt uns für heute Frieden und lässt eine Vision für morgen entstehen."

Auf unseren Reisen mit Amma begegnen uns Leute mit enormem Reichtum. Sie besitzen Millionen Dollars oder Euros und haben machtvolle Positionen inne, und sind doch nie glücklich. Es scheint im Gegenteil so zu sein, dass die glücklichsten von allen oft diejenigen sind, die materiell nur sehr wenig besitzen. Manchmal haben Menschen mit den größten Bankkonten die tiefsten seelischen Wunden aus innerer Not und Leere. Wenn man Menschen sieht, die mit sehr wenig glücklich sind, vermittelt das ein sehr tiefgründiges Beispiel.

Eine verwitwete Frau kommt regelmäßig aus einem entfernten Dorf zu Amma. Sie zieht ihre beiden Kinder allein auf. Obwohl sie nur eine Kuh besitzen, können sie mit der Milch dieser einen Kuh einen bescheidenen Lebensunterhalt bestreiten.

Obwohl sie nur über geringe Mittel verfügen, versuchen sie alle zwei Wochen in den Ashram zu fahren. Sie sind zufrieden und haben sich in all den vielen Jahren, seitdem Amma sie kennt, niemals über irgendein Problem beklagt.

Der Kontrast zwischen dem, was mittellose Leute haben und was Wohlhabende besitzen, ist einfach umwerfend. Der wahre Wert des Lebens aber lässt sich nicht mit Geld messen, sondern liegt im Gemütsfrieden und in der Freude unseres Herzens. Wahres Glück erwächst aus der Art und Weise wie wir unsere Geisteskräfte nutzen.

Ein friedliches und glückliches Gemüt ist unser wahrer Reichtum

Um spirituelle Meisterschaft zu erreichen, müssen wir lernen unseren Verstand angemessen zu nutzen. Wenn wir unsere Gedanken kontrollieren und unsere Einstellung in rauen Zeiten dahingehend verändern, dass wir unser Bewusstsein vom Negativen auf eine höhere friedliche Ebene lenken, können wir zu wirklichen Meistern werden und in Glückseligkeit und Freiheit schwelgen.

Sind wir fähig zu lächeln, während wir eine Bürde von Problemen schultern, ist das der größte Segen und kostbarste Schatz des Lebens.

Kapitel 9

Unsere Bürde tragen

*Der Apostel Paulus schrieb während seiner
Kerkerhaft, als ihm alles genommen war,
diese Worte: „Ich habe gelernt, mich mit
dem, was ich habe, zu begnügen."*

— Brief an die Philipper, Kap.4, 11

Jeder leidet auf die eine oder andere Weise.
Manche Leute leiden wegen unbedeutender,
lästiger Dinge, wohingegen andere ihr ganzes
Leben eine schwere Leidenslast tragen. Nur
wenn wir unsere Gedanken und Gefühle lernen
zu beherrschen und uns für ein höheres Ideal
einsetzen, erreichen wir das Ziel des Lebens.

Manche Menschen sind körperlich behin-
dert, aber wie Amma sagt, ist der Geist unsere
wahre Behinderung. Wenn sich unsere Gedanken und Gefühle beruhigen, werden wir vollkommen befreit von unserem Leiden.

Viele Leute wählen sich ihre Bürde unbewusst, da sie nicht einmal die einfachste Form von Geisteskontrolle gelernt haben. Sie erstreben keine Ideale oder einen tieferen Lebenssinn. Unwissenheit ist entgegen der allgemeinen Behauptung kein Segen, sondern Ursache unzähliger Leiden.

Ich sah einmal eine interessante Darstellung auf einem großen Cartoon: Eine Gruppe von Menschen zog eine Straße entlang, mit schweren hölzernen Kreuzen auf den Schultern.

Einer betete: „O Gott, das Kreuz ist für mich zu schwer zu tragen. Säge bitte etwas ab, um meine Bürde zu erleichtern; es ist für mich zu schwierig sie zu ertragen." Daraufhin sägte Gott ein wenig von seinem Kreuz ab.

Alle stapften mit ihren Kreuzen weiter. Erschöpft bat derselbe Mann wieder: „ O Gott, es ist immer noch zu schwer zu tragen. Säge bitte noch etwas mehr ab, o Herr. Bitte!" Gott sägte daraufhin noch etwas mehr ab und der Mann stapfte weiter. Nach wenigen Schritten schrie er: „O Gott, bitte mach diese Bürde leichter für mich!" Gott sägte nun zum dritten Mal etwas von seinem Kreuz ab, bis es ganz klein und leicht zum Tragen war.

Alle liefen weiter, bis sie eine große Kluft mit einem Tal dazwischen erreichten. Die Kreuze waren eigentlich dazu gedacht, ihnen zu helfen, sicher über den Abgrund zur anderen Seite zu gelangen. Alle legten ihr Kreuz über die Kluft und liefen über die so entstandene Brücke. Der Mann aber, der Gott um Erleichterung seiner Bürde angefleht hatte, steckte nun fest mit seinem so kurzen Kreuz, das ihm überhaupt nicht weiterhalf. Er war gestrandet und blieb allein zurück.

Das Leben bietet uns endlose Herausforderungen. Unser Unterscheidungsvermögen ist gefordert, um zu wissen, wann wir dankbar und zufrieden annehmen sollen, was das Leben uns bietet oder wann wir versuchen sollten etwas zu ändern. Eines ist gewiss: Auch in Zukunft wird es keine Phase ohne irgendwelche Herausforderungen geben.

Der Theologe Reinhold Niebuhr drückte sehr weise aus, wie man auf unvermeidliche Herausforderungen des Lebens reagieren sollte. Sein Gebet wird täglich in den Räumen der

Anonymen Alkoholiker wiederholt und inspiriert Millionen von Menschen, die versuchen, ihre alte Lebensweise hinter sich zu lassen, um sich ein Leben zu eigen zu machen, das dem Spirituellen und dem Dienst am Nächsten gewidmet ist.

„Gott verleihe mir die Gelassenheit Dinge zu akzeptieren, die ich nicht ändern kann, den Mut, Dinge zu ändern, die ich ändern kann und die Weisheit, das eine vom andern zu unterscheiden."

Manchmal ist es unfassbar, warum wir solche Bürden im Leben ertragen müssen, seien es gesundheitliche Probleme, psychische Leiden, familiäre Belastungen oder finanzielle Nöte. Jeder muss mit irgendeinem Leiden fertig werden.

Vor Jahren las ich einen Artikel auf der Website des Ashrams (amritapuri.org), der die Geschichte eines Mannes erzählte, der ein tragisches Hochwasser in Nordindien überlebte. Als die Wasserfluten herankamen, suchte seine Familie Schutz auf ihrem Dach; viele andere Dorfbewohner kletterten in ihrer Panik hoch zu ihnen. Als das Hochwasser weiter stieg und sich zu viele Menschen auf dem Dach befanden, brach das Gebäude unter dem Gewicht von allen zusammen.

Die Familie dieses Mannes, seine Frau und all ihre Kinder ertranken. Sie starben, als er sie noch festzuhalten versuchte. Alle seine Nachbarn und Freunde ertranken ebenfalls. Nur seine Schwester überlebte.

In höchster Verzweiflung wandte er sich an sie mit der Aufforderung: „Warum sollen wir noch leben? Wir haben alles verloren. Lass uns Gift trinken und sterben."

Sie ohrfeigte ihn und rief: „Wie kannst du wagen so zu reden! Gott hat uns das Leben gegeben. Wir müssen einfach weitermachen." Es war herzzerreißend, ich musste beim Lesen des Artikels einfach weinen. Genau das ist die Erfahrung von Opfern überall in der Welt, denen nichts anderes übrig bleibt als jeden Tag fürchterliches Leiden zu ertragen. Wir leben in einer Welt so voller Elend.

Nach der Katastrophe schickte Amma einige Ihrer freiwilligen Helfer zu den Menschen, um ihnen beizustehen, wieder zu Kräften zu kommen. Der Mann, von dem der Artikel berichtet, sagte, dass er im Gespräch mit Ammas freiwilligen Helfern erstmals seit Verlust seiner Familie erleichtert und entspannt sein konnte. Die Stärke seiner Schwester, der Trost und die liebevolle Zuwendung von Ammas Helfern habe ihm geholfen, nicht den Verstand zu verlieren. Ihnen habe er es zu verdanken, dass er sich schließlich von seiner persönlichen Tragödie erholen und wieder lächeln konnte.

Wenn uns das Leben einen grausamen Schlag versetzt hat, erscheint es schier unmöglich, aus den Tiefen von Verzweiflung zurück zu kehren, aber es gibt ein magisches Mittel, das alle Wunden heilt: Der Strom selbstloser Liebe und die Güte anderer Menschen lindern unseren Schmerz und helfen uns, wieder zu Kräften zu kommen.

Wir sollten unseren Frieden mit Gott finden, in dem wissenden Vertrauen, dass unser Leiden keine Bestrafung ist. Gott ist reine Liebe, deshalb muss es eine andere Ursache für unser Leid geben. Egal, was es ist, wir sollten unter Aufbietung all unserer Kräfte weiter machen und in dem Bewusstsein, dass sich eines Tages alles klären wird und wir verstehen werden. Amma erinnert uns ständig an unser unendliches inneres Potential, das uns hilft alles zu ertragen. Das Problem ist, wir müssen noch den Zugang zu unserer Stärke finden und wissen, wie sich dieses Potential erschließen lässt.

Es wird uns niemals etwas zugewiesen, dem wir nicht mit genügend Stärke begegnen könnten. Wenn wir plötzlich von etwas herausgefordert werden, ist es extrem schwierig klaren Kopf zu behalten. Oft wird uns erst später das Ziel des Karmas, das wir erleiden mussten, bewusst, wenn unser Verstand wieder klar und unterscheidungsfähig ist.

Wenn wir uns bemühen, unserem Leiden eine positive Ausrichtung zu geben, rettet uns das von grausamem Schmerz. Wenn wir unser Leiden überwinden können und etwas daraus lernen, sind wir fähig, vielen anderen Menschen, die in den Tiefen ihrer eigenen Verzweiflung versunken sind, beizustehen. Aus dem Keim von Kummer und Not kann die großartigste Weisheit entspringen.

Es gibt die Geschichte eines alten Mannes, der seine Frau verlor. Als seine Familie und Freunde zu ihm kamen, um mit ihm zu trauern, begegnete er ihnen mit einem Lächeln und sagte: „Meine Frau hat mich in unserem gemeinsamen Leben immer versorgt. Ich fürchtete vor ihr zu sterben und sie allein zu lassen. Jetzt ist sie gegangen und ich muss der Einsamkeit begegnen, aber ich bin deshalb so dankbar. So kann ich wenigstens etwas für sie tun."

Wenn wir aus der ‚Komfortzone' in Schmerz und Unbehaglichkeit gestoßen werden, können wir wirklich wachsen. Dann wird uns bewusst, dass wir alles bewältigen können, was das Leben uns abfordert. Amma erinnert uns so oft daran, doch wir glauben Ihr das nie so richtig. Wir setzen so selten unser Höchstmaß an Bemühen und Fähigkeit ein.

Wir sollten uns aufrichtig bemühen, Ammas Worte in unserem Leben praktisch umzusetzen; andernfalls schubst uns das Leben unentwegt in schwierige Situationen, damit unsere verborgene spirituelle Stärke erschlossen wird.

Wenn wir uns erlauben, allem was das Leben uns präsentiert, mit einer positiven Haltung zu begegnen, trägt das zur Beseitigung des Negativen bei, das in uns wurzelt. Erinnern wir uns an diese einfache aber schwierige Wahrheit:

Alles ist der Wille Gottes. Alles, was kommt, egal wie schmerzhaft es ist, ist stets das Beste, ganz ehrlich.

Manchmal kann das, was wir als Unglück empfinden, eigentlich das Beste sein. Nur Zeit und Geduld lehrt uns diese Lektion.

Amma erzählt oft die Geschichte einer Gruppe von Schnecken, die langsam zum Wald wanderten. Als sie gewarnt wurden, der Wald sei kahl und öde, antworteten die Schnecken begeistert: „Das ist überhaupt kein Problem, denn er hat sicher ein grünes Kleid, bis wir den Wald erreichen!"

Wie diese Schnecken sollten auch wir niemals unsere Geduld und unseren Enthusiasmus verlieren. Beide sind so rar und kostbar wie reines Gold. Es ist wirklich wertvoll diese Eigenschaften zu besitzen und in dieser heutigen so unglücklichen Welt pflegen zu können.

Amma konzentriert sich auf die Freude und verweilt nicht im Negativen. Sie kennt die Vergangenheit, Gegenwart und Zukunft und versteht vollkommen, was uns alles so verloren, traurig, ärgerlich oder depressiv macht, versucht aber, dass wir nicht ins Grübeln über die scheußlichen Dinge des Lebens geraten. Sie führt uns fortwährend zurück in unser Zentrum, wo wir zu mehr Ausgeglichenheit finden und uns auf das Glück ausrichten können.

Kapitel 10

Dankbarkeit pflegen

*„Wenn wir nicht dankbar sind für das, was
wir haben, wie können wir dann glauben,
glücklicher zu sein, wenn wir mehr hätten?"*

– Unbekannter Autor

Warum sich mit den negativen Seiten des Lebens aufhalten? Es gibt da die lustige Geschichte eines jungen Moskitos, dessen Vater ihn nach seinem allerersten Ausflug in die Welt fragte: „Na, wie war es, mein Sohn?" Der kleine Moskito antwortete: „Es war wundervoll, Papa. Jeder klatschte nach mir." Dies ist die positive Grundeinstellung, die wir brauchen, um die Schläge des Lebens auszuhalten.

Wir sollten uns zu einer möglichst begeisterten und positiven Haltung entschließen, denn es hängt so viel von der inneren Einstellung ab. Das Gedicht ‚Einstellung', eines unbekannten

Autors, bringt auf den Punkt, welche Einstellung wir alle entwickeln sollten.

Eine Frau erwachte eines Morgens, schaute in den Spiegel und sah auf ihrem Kopf nur noch drei Haare. „Nun gut", sagte sie, „ich werde heute mein Haar flechten." So tat sie es und verbrachte einen wunderbaren Tag.

Als sie am nächsten Tag nach dem Aufwachen in den Spiegel schaute, sah sie nur noch zwei Haare auf ihrem Kopf. „Hmm", sagte sie, „ich denke, heute mache ich mir einen Mittelscheitel". So tat sie es und verbrachte einen großartigen Tag.

Als sie am nächsten Tag nach dem Aufwachen in den Spiegel schaute, sah sie nur noch ein Haar auf ihrem Kopf. „Nun", sagte sie, „heute mache ich mir einen Pferdeschwanz." So tat sie es und verbrachte einen sehr vergnügten Tag.

Als sie am nächsten Tag nach dem Aufwachen in den Spiegel schaute, sah sie kein einziges Haar mehr auf ihrem Kopf. „Juchhu," rief sie, Heute muss ich mein Haar nicht herrichten!"

Ich habe einen persönlichen Bezug zu diesem Gedicht, weil auch mein Haar sehr spärlich ist. Alles, was wir tun können, ist zu versuchen, aus dem, was wir haben, das Beste zu machen.

Ammas Vorbild lehrt, uns auf Freude und Akzeptanz statt auf Sorgen zu konzentrieren. Wenn wir Amma auch nur kurze Zeit beobachten (wo immer Sie auch sein mag), spüren wir, dass Sie von einer göttlichen Freude durchströmt wird, die Sie überallhin ausstrahlt. Amma hat die innere Quelle gefunden, schöpft aus ihr und offenbart uns, dass auch wir diesen Zustand erreichen können; es ist absolut möglich.

Menschen mit feiner Wahrnehmung und einem spirituellen Verständnis vermögen die Herrlichkeit einer Heiligen wie Amma zu ‚fühlen‘, während andere noch keinen so offenen Geist besitzen, um Ihre Großartigkeit zu empfinden. Die Tiefe unseres Verständnisses hängt vom Grad unseres inneren Erwachtseins ab.

Manchmal scheint es, als gingen wir durch schwere Zeiten; an manchen Tagen scheint alles schief zu gehen. Trotzdem müssen wir den täglichen Kampf mit unseren Dämonen aufnehmen, damit sie uns nicht überwältigen.

Nur ein beherzter Mensch kann in sich gehen und abschätzen, welches Verhalten in herausfordernden Situationen angemessen ist.

Oft scheint es leichter zu sein die schnelle dunkle Straße zu nehmen, auf die unsere Dämonen uns hinlenken wollen, als die weniger begangene *dharmische* (rechtschaffene) Wegstrecke einzuschlagen. Wir wissen, welcher Weg uns zu spiritueller Entwicklung führt, aber aus irgendeinem Grund wählen wir nicht immer den rechten Pfad. Wir dürfen dem *adharma* (Unrechtmäßigkeit) nicht einfach nachgeben und sollen zu furchtlosen spirituellen Kriegern werden.

Bevor wir die äußeren Feinde zu bezwingen versuchen, müssen wir zunächst unsere inneren Dämonen bekämpfen. Die Menschen realisieren nicht, dass man Herr über diese inneren Dämonen werden muss, denn sie spielen uns viel übler mit als alles andere.

Nach meiner eigenen Erfahrung werden uns die größten Segnungen des Lebens zuteil, wenn wir die inneren Monster besiegen. Wenn wir unseren eigenen Geist beherrschen, können angsteinflößende Dinge zu Lieblingsdingen werden.

Unsere Dunkelheit kann sich in Licht verwandeln, und unsere Schwäche in Stärke; es erfordert Selbstüberwindung, eine positive Einstellung und einen klaren Blick, um das trübe Gewässer unseres Geistes in einen frischen starken Gnadenfluss zu verwandeln.

Wenn wir Herausforderungen bestehen müssen, sollten wir uns auf Ammas ermutigenden Rat besinnen: „Bemüht euch einfach euer Bestes zu geben; im Nachhinein werdet ihr gewiss feststellen, dass es gar nicht so schwierig war."

Wenn wir uns alle Mühe geben und unsere harte Arbeit Gott überantworten, erkennen wir deutlicher, was uns belastet und erkennen sicherlich, dass in jeder Plage ein Segen verborgen ist. Mit dieser Einstellung sind unsere Schwierigkeiten nicht mehr länger Plagen, sondern werden zu Keimzellen unserer Verwandlung.

Es gibt eine Studie von Dr. Robert Emmons, Universität von Kalifornien in Davis, und Dr. Michael McCullough, Universität von Miami über den Einfluss persönlicher Einstellungen auf die Lebensqualität.

In der Studie wurden die Teilnehmer in drei Gruppen aufgeteilt und gebeten, täglich Tagebuch zu führen. Die erste Gruppe sollte Einzelheiten ihres Tagesablaufs festhalten, die zweite Gruppe die täglichen Probleme und Irritationen und die dritte Gruppe wurde gebeten alles aufzuschreiben, was sie täglich mit Dankbarkeit erfüllte.

Die Resultate waren beeindruckend: Die Gruppe, die ‚Dankbarkeit' ins Blickfeld genommen hatte, berichtete über bedeutend mehr Glücksgefühle und Wohlbefinden und verfügte über mehr Energie, Entschlusskraft, geistige Beweglichkeit, Aufmerksamkeit und Begeisterungsfähigkeit.

Die Dankbarkeit wirkte sich nicht nur auf die Gefühle der Teilnehmer positiv aus, sondern übertrug sich auch auf ihre Umgebung. Die Studie bewies, dass die auf Dankbarkeit konzentrierten Teilnehmer viel bereitwilliger und erfolgreicher auf ihre Ziele hin arbeiteten als diejenigen, die sich mit Fakten oder Problemen beschäftigten.

Emmons und McCullough fanden außerdem heraus, dass das Pflegen von Dankbarkeit *auf jeden Fall* zu positiven Veränderungen bei den Teilnehmern führte; zusätzlich zum Festhalten dessen, was dankbar macht, wirkten auch weitere Methoden wie Gebete, Teilnahme an Andachten und das Studium spiritueller Schriften.

Manche Leute brauchen keine wissenschaftlichen Studien, um Dankbarkeit zu entwickeln. Ich kenne ein starkes Mädchen, das mir von einem Spiel erzählte, das sie immer spielte, wenn sie ärgerlich oder aggressiv war. Sie und eine Freundin zählten wechselweise auf, wofür sie dankbar waren. Das Mädchen sagte z.B. „Amma" und ihre Freundin antwortete: „Himmel" und „Pizza," „Seva", „Eiscreme" usw.

Das Spiel hatte eine einfache Wirkung: Es befreite die aufgeregten Gemüter von negativen Gedanken und gab dem Dasein eine vergnügte Wendung.

Der berühmte Philosoph Eric Hoffer schrieb einmal: „Die schwierigste Rechenart ist das Zählen unserer Segnungen." Das ist sehr wahr. Wenn wir aber die Stärke entwickeln, unsere Gedanken auf Dankbarkeit auszurichten, werden wir von Freude erfüllt.

Mit unserer begrenzten Sichtweise sehen wir immer nur den Schlamassel in der Welt, aber wenn sich eines Tages unser Blick klärt, offenbart sich uns die Herrlichkeit aller Dinge und wir sehen überall Vollkommenheit. Jetzt fehlt uns diese Sichtweise, da unser Sehvermögen noch nicht so fein eingestellt und geläutert ist, um die Dinge auf diese Weise zu betrachten.

Ein Mann, der erblindet war, wollte mich nach einer Operation, die sein Augenlicht wieder hergestellt hatte, sprechen. Er konnte nicht glauben, wie wunderbar die Welt war und er freute sich darauf, die Schönheit aller Dinge zu entdecken.

Wenn wir uns umschauen, empfinden wir die Welt oft als grausam, dieser Mann jedoch sah rings um sich nur Großartiges. Wenn wir uns bemühen die Welt so zu betrachten wie sie wirklich ist – als Manifestation göttlicher Liebe – bemerken wir schließlich überall ihre Schönheit.

Amma möchte nicht, dass wir unsere Zeit und Energie damit vergeuden, uns ständig auf all die schrecklichen Dinge in der Welt zu konzentrieren, denn das raubt uns Energie. Amma spornt uns stattdessen an, Mitgefühl zu entwickeln. Es ist unsere Pflicht, Empathie mit den Leidenden zu empfinden und alles daran zu setzen, Notleidenden beizustehen, so gut wir können.

Es gibt in dieser Welt sehr inspirierende Menschen; darunter sind einige, die verwickelt waren in gefährliche oder illegale Aktivitäten und irgendwie die Kraft gefunden haben, ihr Leben vollkommen neu auszurichten. Viele entschieden sich, in dasselbe gefährliche Milieu zurückzukehren, aus dem sie kamen, um anderen zu helfen, ihr Leben voller Gewalt und Verbrechen hinter sich zu lassen. Obwohl sie von harten Erfahrungen geprägt sind, inspirieren sie so viele Menschen zu einer positiven Veränderung ihres Lebens.

Wir sollten unsere Fähigkeiten und Lebenserfahrungen nutzen und uns für andere Menschen einsetzen (deshalb hat Gott sie uns verliehen). Dabei lösen sich unsere eigenen Sorgen auf und wir vergessen sie.

Amma sagt so oft, dass selbst eine kurze freundliche Zuwendung zu einem Menschen, den man glücklich macht, etwas Großartiges ist. Das kann jeder von uns leisten. Nur dieser Augenblick liegt in unserer Hand, deshalb sollten wir bemüht sein, jetzt Gutes zu tun.

Überall auf diesem Planeten wird es Menschen bewusst, dass wir mehr Sorge um Mutter Erde und unsere Schwestern und Brüder auf der Erde tragen müssen. Die positiven Schwingungen spiritueller Menschen wirken ganz bestimmt heilsam auf unsere leidende Welt.

Wenn wir immer nur an die eigenen Belange denken, ohne Rücksicht auf andere, werden wir egoistisch, unsensibel und depressiv und sinken immer tiefer, bis unser Leben in Selbstsucht vergeudet wurde.

Amma sagt, es gibt immer jemanden, der zu uns aufschaut und als Vorbild nimmt und sei es nur der jüngere Bruder oder die jüngere Schwester. Wenn wir etwas ganz Besonderes tun – sei es noch so klein – folgen andere vielleicht unserem Beispiel. So können wir langsam, Schritt für Schritt die Welt verändern.

Gott hat eine so großartige Welt erschaffen. Das Leid und Elend, das wir überall sehen, ist nicht Gottes Schöpfung, sondern unsere eigene. Wir haben das Leid durch unser unkontrolliertes

Denken und unsere Egos geschaffen. Amma weist uns einen anderen Weg. Im Gegensatz zu uns sieht Sie in allem das göttliche Wunder, und das bereitet Ihr die allerhöchste Freude.

Amma lebt vollkommen im gegenwärtigen Moment, was nicht heißt, dass Sie Sich zurücklehnt, um ruhig die Herrlichkeit von Gottes Schöpfung zu genießen. Es gibt niemanden, der jemals härter und länger als Sie gearbeitet hätte. Sie gibt in jeder Situation Ihr absolutes Höchstmaß und beansprucht für Ihre eigenen Bedürfnisse ein absolutes Minimum. Niemand brachte jemals im Dienst für die Armen und Bedürftigen mehr persönliche Energie auf als Amma.

Kapitel 11

Liebe und Arbeit

„Das beste mir bekannte Gegengift
bei Kummer ist Arbeit.
Das beste Heilmittel bei Müdigkeit ist,
jemandem zu helfen, der noch müder ist.
Eine der großen Ironien des Lebens ist:
Wer dient, gewinnt fast immer
mehr als wer bedient wird.“

– Unbekannter Autor

Amma lehrt uns, dass hartes Arbeiten die heimliche Zutat für wahren Erfolg und Glück im Leben ist. Wir können uns nicht allein auf die Gnade verlassen, sondern müssen uns selbst anstrengen. Gnade entströmt nur dem Bemühen.

Eine Dame kam in Los Angeles zum ersten Mal zu Amma und flog danach nach Indien, um an der Nordindientour teilzunehmen. Sie ist künstlerische Kosmetikerin in L.A. und arbeitet in Hollywood mit allen großen Stars. Auf der Tour sagte sie Folgendes über ihr Seva:

„Mein Seva am Saft-Stand ist schön, aber ich habe nicht viel Glück, denn die vorherige Schicht erledigt alle Arbeit, weshalb es immer heißt, wenn ich komme: ‚du brauchst nur ein paar Limetten zu schneiden und kannst dann gehen.‘ Deshalb gehe ich stets früher weg und setze mich zu Amma auf die Bühne.

An einem Tag aber schaute Amma mich länger an und ich hatte das Gefühl, Sie wolle eigentlich, dass ich bei irgendeinem Seva arbeite, wo ich mir die Hände schmutzig machen würde. Ich verließ die Bühne und traf sofort eine Frau, die Abfälle aufsammelte. Wir sammelten also gemeinsam Müll ein. Es war wirklich demütigend.

Viele Leute starrten mich in meiner weißen Kleidung an, als ich den Abfall von der Straße aufsammelte; manchmal schnalzten sie mit den Fingern nach mir und zeigten auf weiteren Abfall auf dem Boden, natürlich ohne selbst etwas aufzuheben. Dann aber bekam ich wirklich Spaß an dem Seva und dachte bei mir: ‚Ich mag dieses ‚schmutzige‘ Seva echt! Was soll‘s, ich sollte mir jeden Tag meine Schürze umbinden und loslegen.‘

Am zweiten Tag war ich schon ganz erpicht darauf, wieder ‚echtes‘ Seva zu machen. Ich wusste, was zu tun war, wohin der Abfall kam, den wir aufgesammelt hatten usw. Meine Hände waren voller Abfall und meine Kleidung war schmutzig, es war wirklich spannend.

Einige Devotees hielten mich an und fragten: ‚Dürfen wir ein paar Fotos von dir machen?‘ Meine Seva-Partnerin sagte: ‚Komm, wir machen weiter‘, aber ich erwiderte: ‚Gib mir einen Moment! Ich möchte mich um die Leute kümmern!‘ Ich ordnete mein Haar, streifte den Schmutz ab und stellte mich mit meinem Müllgreifer in Pose (Ich dachte bei mir:

‚Das könnte irgendwo in Facebook auftauchen!')

Etwa eine Stunde nach Beendigen meines Sevas hatte ich eine Schicht bei Amma auf der Bühne. Amma drehte Sich um und schaute die Menschen an, die in Ihrer Nähe saßen. Dann drehte Sie Sich direkt zu mir hin und nickte als Zeichen tiefen Einverständnisses mit dem Kopf."

Das einzige, was sich aufrichtige spirituelle Meister wünschen, ist unser Glück; deshalb spornen sie uns an, alles daran zu setzen, unseren inneren Frieden zu finden. Amma ist einzigartig und hat Ihr eigenes Ziel: Sie wünscht Sich für uns dieselbe Glückseligkeit, die Sie kostet und will alles dafür tun, dass wir diesen Zustand erreichen. Im Grunde genommen ist unser Anteil so einfach und doch fällt uns der erforderliche Einsatz zum Erreichen dieses Ziels so schwer.

Amma sagte einmal: „Meine Kinder im Zustand von *samadhi* (Glückseligkeit, Erleuchtung, Seelenruhe) zu sehen, wäre wie..." und dabei machte Sie eine Handbewegung als tränke Sie göttliches Ambrosia. Ihr Gesicht strahlte vor Glückseligkeit, während Sie das sagte. Es war wunderbar zu sehen, wie es uns ergehen würde, wenn wir uns wirklich bemühten.

Amma wiederholt immer wieder: „Das Glück meiner Kinder ist Ammas Nahrung. Ammas ist glücklich, wenn ihr zu innerer Glückseligkeit findet."

Den Zustand höchster Ekstase zu erreichen, verlangt seinen Preis und erfordert eine ungeheure Menge harter Arbeit. Wir dürfen nicht bequem und faul sein. Amma feuert uns zu unablässigem Bemühen an, damit wir das höchste Glück erfahren können.

Amma handelt in allem immer höchst anmutig, mühelos, natürlich und spontan. Anlässlich Ihres 61. Geburtstages sagte jemand in einer Rede auf Sie: „Amma arbeitet sieben Wochen, jeden Tag."

Zuerst lachte ich ein wenig in mich hinein, weil ich meinte, das sei ein kleiner Versprecher, aber als ich darüber nachdachte, wurde mir bewusst, wie zutreffend und zutiefst wahr seine Worte eigentlich waren. Amma *macht* an einem einzigen Tag die Arbeit von sieben Wochen! Niemand in der Welt leistet auch nur im Entferntesten das, was Amma vollbringt.

Wie oft hören wir von etwas und beurteilen es mit unserem begrenzten Verstand, aber wenn wir weiter denken, geht uns auf, dass es jenseits unserer wildesten Vorstellungen noch andere, verborgene Existenzebenen gibt. Momentan begreifen wir das alles nicht. Erst wenn wir ein bestimmtes Maß an Demut erreicht haben, wird unser Blickfeld weiter und eine viel größere Welt von Möglichkeiten wird enthüllt.

Amma hat uns alles geschenkt, was das Leben reich und lebenswert macht. Es fehlt nichts zum Erreichen unseres Ziels. Wir haben eine vollendete Meisterin, es stehen uns anregende und belehrende spirituelle Bücher in Bibliotheken und Buchhandlungen zur Verfügung und Bhajans für diejenigen, die das beglückende Gefühl von Hingabe spüren möchten. Amma ermöglicht uns den regelmäßigen Kontakt mit einer vollendeten Meisterin und uns bieten sich beinahe endlose Gelegenheiten zum Dienst am Nächsten; Amma stellt *alles* zur Verfügung.

Diejenigen von uns, die ständig bei Amma sein dürfen, sind wirklich absolut verwöhnt. Wir müssen uns nur etwas bemühen und schon fließt Ihre Gnade wie ein Strom.

Kahlil Gibran sagt: „Arbeit ist sichtbar gewordene Liebe." Die Liebe zu Amma verleiht Ihren Schülern, die ständig bei Tag und Nacht arbeiten – in welcher Eigenschaft auch immer sie gebraucht werden – unglaubliche Kraft.

Die Liebe von Ammas Kindern wird auf ganz unterschiedliche Weise sichtbar: als physische Arbeit in der Katastrophenhilfe, stundenlanges Sitzen und Arbeiten vor dem Computer, organisatorisches Planen von Ammas zahlreichen karitativen Projekten und Veranstaltungen oder einfach beim Falten und fristgerechten Verschicken der ‚Matruvani'-Hefte.

Amma sagt, es ist besser, sich in guten Handlungen für die Welt zu verzehren als zu verrosten. Sie inspiriert Millionen Menschen in der Welt zu tätiger Nächstenliebe.

In Ihrer Kindheit drängte Ammas Mutter die junge Sudhamani dazu, Gott ständig zu bitten, Ihr eine Arbeit zu geben, Amma jedoch betete: „Lieber Gott, gib mir bitte immer *Deine* Arbeit." Gottes Gnade durchströmt denjenigen, der stets bereit ist anderen zu helfen.

Ammas Mutter arbeitete immer sehr hart und erzog auch ihre Kinder dazu. Schon als kleines Kind ermahnte Ihre Mutter Sie, keine Müdigkeit zu zeigen, auch wenn Sie völlig erschöpft war, sondern immer zufrieden und glücklich darüber zu sein, noch mehr Arbeit anzunehmen. Ihre Mutter veranlasste nie andere etwas für sie zu tun; sie war eigenständig und regelte alle Dinge selbst.

Damayanti Amma stand täglich pünktlich um drei Uhr früh auf, eine Gepflogenheit, die sie ihr ganzes Leben fortsetzte. Nach dem Aufstehen erledigte sie alle Arbeiten im Haus und betete bis zum Sonnenaufgang drei bis vier Stunden traditionelle Mantren und Gebete.

Wenn die Sonne aufging, lief sie sofort nach draußen und verneigte sich. Sie machte es sich zur Regel, den Innenhof vor Sonnenaufgang vollständig zu kehren, weil sie glaubte, man dürfe Gott nie einen Besen zeigen. Sie kannte den Wert harter Arbeit und die Weisheit alter Traditionen und reichte diese Werte an ihre Kinder weiter.

Ammas Arbeitsethos als Kind nervte Ihre Schwestern oft; Sie ließ Ihre Schwestern morgens nie lange schlafen, sondern weckte sie um vier Uhr morgens, ermahnte sie die Lampe

anzuzünden, zu baden und bei der Arbeit mit-
zuhelfen. Sie waren wütend, dass sie morgens
so früh aufstehen mussten. Wenn die Leute in
der Nachbarschaft aufstanden, hatte Ammas
Familie bereits alle Hausarbeiten erledigt und
war bereit zum Aufbruch.

Die Nachbarn lobten Ammas Familie und
forderten ihre Angehörigen auf, sich ein Beispiel
an ihnen zu nehmen, etwa mit den Worten:
„Seht ihr wie früh sie aufstehen und alle Haus-
arbeit erledigen?" Ein alter Mann nebenan stand
auch immer früh auf und wusch sich, während
seine Frau und Kinder noch gemütlich schliefen.
Er begann Streit mit seiner Familie und verglich
sie mit Ammas Familie: „Seht doch, wie diszi-
pliniert die Familie nebenan ist!"

Nachmittags gingen Amma und Ihre
Schwestern nach draußen und schnitten Gras
für die Kühe. Amma machte das alles gern,
aber Ihre Schwestern hatten keine Lust Gras
zu schneiden oder zu säubern, weil ihre Hände
schmutzig wurden; sie fingen an zu streiten, weil
sie so schmutzige Arbeit machen sollten.

Die Schwestern erinnern sich noch sehr leb-
haft daran, wie rasch Amma alles machte: Sie

versorgte die Kühe, schnitt Gras und erledigte alle Hausarbeiten so schnell, dass sie nicht mit Ihr mitkamen. Amma kümmerte sich zusätzlich zu Ihrer Arbeit um die Belange Ihrer Familie und nahm sich außerdem Zeit zu Andacht und Meditation.

Wenn wir unsere Zeit und Energie einsetzen, um zu dienen, wird uns bewusst, dass wir zu ganz erstaunlichen Dingen fähig sind. So viele spirituell Suchende fanden das in ihrem Leben bestätigt. Je mehr wir uns einsetzen im Dienst an Mitmenschen, desto mehr Gnade und Freude durchströmt unser Leben.

Es wurde eine Umfrage gestartet mit der Frage, ob Menschen ihren Job aufgäben, wenn sie im Lotto gewinnen würden; überraschenderweise antworteten beinahe alle, sie würden sehr gerne ihre Arbeit fortsetzen. Die meisten Menschen arbeiten gerne und selbst wenn es manchmal für sie schwierig ist, wissen sie, dass Arbeit nicht nur dem Gelderwerb dient, sondern in gewisser Weise auch das eigene Leben befriedet. Die Erfahrung von innerem Frieden durch karitative, dienende Arbeit ist einmalig und führt zu besonders tiefem Frieden, der sich oft nicht in Worte fassen lässt.

Ich hörte einmal die sehr berührende Geschichte einer heldenhaften Frau, deren Arbeit reiner Dienst am Nächsten war. Schon als junges Mädchen wollte sie Lehrerin werden. Als Erwachsene half sie unzähligen Schülern, die Schwierigkeiten mit der Schule hatten, sie erfolgreich abzuschließen. Dann wurde sie plötzlich von der Krankheit des sog. ‚Lou-Gehrig-Syndrom‘ (unheilbare Krankheit des zentralen Nervensystems, Anm.d.Übers.) heimgesucht, das meistens innerhalb weniger Jahre zum Tode führt.

Nach der Diagnose der Krankheit schrieb sie an ihre Kollegen und an alle Familien ihrer Schüler eine Email. Sie ließ sie wissen, dass sie ihnen als letzte Lektion mitgeben wolle, dass der Tod ein natürlicher Teil des Lebens ist.

Sie ersuchte ihren Job zu behalten und per Computer zu kommunizieren, wenn ihre Stimme versagen würde. Sie wollte sich niemals in die Ruhe nach Hause zurückziehen, wie es die meisten gemacht hätten, sondern übernahm stattdessen die Leitung von zwei

Grundschul-Bibliotheken. Ihre Kollegen ernannten sie einstimmig zu ihrer „Lehrerin des Jahres".

Selbstloser Dienst ist die einfachste Art nicht länger darüber nachzudenken, wer wir wohl sind. Er trägt dazu bei, das Göttliche in uns und anderen zu entdecken und gehört zu den schönsten und leichtesten spirituellen Wegen. Der Schlüssel zu Wohlbefinden und Frieden ist so schlicht: bemühe dich so gut du kannst etwas Gutes zu vollbringen, und möge es auch noch so bescheiden sein.

Kapitel 12

Sorgen bewältigen

*„Obwohl sich freundliche Worte so
rasch und leicht aussprechen lassen,
klingt ihr Echo endlos lange nach."*

— *Mutter Teresa*

Amma ermöglicht uns auf vollendete Weise,
gutes Karma zu gewinnen, indem Sie uns ganz
verschiedene Gelegenheiten zum selbstlosen
Dienst bietet. Mit der richtigen Einstellung hart
für eine gute Sache zu arbeiten, erfüllt uns mit
Freude. Seva ist wirklich eines der einfachsten
und zufriedenstellendsten spirituellen Übungen,
die es gibt.

In den seltenen Fällen, in denen Sich Amma
an einem Tag, an dem Sie den Menschen keinen Darshan gibt, in Ihrem Zimmer aufhält,
will Sie nichts essen. Sie sagt, wir sollten täglich
wenigstens etwas arbeiten, um unser Essen zu

verdienen und anschließend noch etwas mehr Seva machen, um Hilfsbedürftigen zu helfen. Amma macht es ganz deutlich: Wenn wir uns Fortschritte erhoffen, bleibt uns nichts anderes übrig als hart zu arbeiten.

Wenn wir nicht selbstlos handeln, werden wir selbstbezogen und träge. Selbst Menschen mit körperlichen Behinderungen machen in Ammas Umfeld ständig Seva: Begrüßung von Neuankommenden, Bändchenkontrolle, Sicherheitsseva. Selbstloser Dienst muss keine manuelle Arbeit sein. Gebete für andere ist auch Seva, da wir dabei nicht an unsere eigenen Bedürfnisse denken.

Es ist nahezu unmöglich, um Amma herum Seva zu vermeiden, vor allem, wenn wir sehen wie intensiv Sie arbeitet. Schließlich geben auch wir demütig und voller Hingabe nach, dazu entschlossen nach besten Kräften mitzuarbeiten. Es dient wirklich unserem eigenen Vorteil, denn unsere Einstellung und Handlungsweise folgen uns wie ein Schatten auch zukünftig überallhin nach.

Es gibt kein Entrinnen von zurückliegendem Karma, sondern es trägt seine Früchte. Wenn wir uns aber voll einbringen und helfen wo nötig, lassen sich viele karmische Stricke, die uns binden, durchtrennen.

Uns gelingt nicht immer eine vollendete Haltung. Es fällt schließlich schwer fröhlich zu bleiben, wenn man an heißen Tagen knietiefen Kuhmist rausschaufelt und fast in seinen Schweißbächen ertrinkt. Man darf sich aber gewiss sein, dass auf der karmischen Bank ein großes Guthaben angesammelt wird. Wenn wir uns zu einer Arbeit durchringen, von dessen Richtigkeit wir überzeugt sind, (auch wenn wir sie nicht gerne tun) werden uns Fluten von Gnade durchströmen.

Da es oft schwerfällt das Notwendige zu erledigen, sollten wir die Zeit nicht mit Nachdenken darüber verschwenden, ob wir das gerne machen oder nicht, sondern einfach hineinspringen und Sinnvolles tun, bevor der Verstand es uns ausredet. Wenn wir die Chance zum Seva haben, ist das ein Glück für uns; Seva ist wirklich eines der liebenswertesten spirituellen Übungen.

Unser Verstand ist dauernd in Unruhe und neigt dazu uns hinabzuziehen. Mit der verantwortlichen Übernahme eines Sevas können wir unsere Kräfte nützlich einbringen. Das richtet uns auf und bewahrt uns vor Zerstreuung und Abdriften in negative Gedanken.

Wenn man deprimiert ist und versucht alleine zu meditieren, tauchen ganz sicher störende Gedanken auf. Amma empfiehlt deshalb, sich bei Kummer und Sorgen lieber mit etwas zu beschäftigen.

Menschen mit psychischen Problemen oder einer Neigung zu Depression sollten nicht untätig ihrem unkontrollierten Inneren ausgesetzt sein, da sie sonst noch wilder in sich selbst kreisen, womit ihr Elend vergrößert wird. Diese Menschen sollte man lieber ermutigen, sich mit etwas Interessantem zu beschäftigen, egal, was es ist.

Es sollte unser Ziel sein, die unruhigen Gedanken einzufangen und sich auf etwas Positives zu konzentrieren, etwas, das weniger destruktiv ist als das, worauf sich der Verstand fokussiert. Seva ist gut für uns, denn es führt uns aus unserer isolierten selbstbezogenen Welt heraus, um anderen beistehen zu können.

Ein Schüler von Amma war nach Indien gereist, um für Amma zu arbeiten und wurde zu einem Seva nach Mumbai geschickt. Ein paar Monate später plante er einen Besuch bei Amma in Amritapuri, da er traurig war und sich vernachlässigt fühlte und so bei sich dachte: ‚Vielleicht hat Amma mich vergessen.‘ Genau in dem Moment bekam er die Nachricht eines Freundes, der ihm erzählte, Amma habe eben von ihm gesprochen und ihn gelobt.

Amma ist immer bei uns, begleitet unser Denken und Tun und erinnert uns daran, dass Sie ständig über jedes Ihrer Kinder wacht. Amma ist die ruhige Stimme in uns, die weise Worte flüstert, die uns vor Misslichkeiten bewahrt. Sie spricht so fein und zart, dass wir Sie oft nicht vernehmen, denn unsere Vorlieben und Abneigungen und unsere Selbstbezogenheit erzeugen ein schreckliches inneres Geschwätz; dennoch dürfen wir Ihre Gegenwart nie bezweifeln.

Amma erinnert uns: „Bei reiner Liebe gibt es zwischen uns allen absolut keine Entfernung."

Als Amma am Ende des Programms in Brisbane, Australien, zum Ausgang ging, bemerkte Sie hinter all den Leuten, die sich in einer Reihe zum Abschied von Amma versammelt hatten, einen Mann. Sie fragte ihn, ob er Prasad erhalten

habe und ich fragte ihn, ob er Darshan emp-
fangen habe. „Nein", antwortete er, „ich bin nur
Volontär im Fahrdienst." Amma küsste seine
Hand sanft.

Selbst wenn Amma nur eine Person in
der Menschenmenge noch nicht umarmt hat,
bemerkt Sie das Gesicht im Meer der Menschen.
Manchmal kommt es vor, dass Amma am Ende
des Programms in einer Stadt, nachdem Sie
viele Tausend Menschen gesehen hat und beim
Abschied durch die Menge schreitet, jemanden anschaut, der nicht zu Ihr gekommen war.
Vielleicht war derjenige deshalb nicht gekommen, weil er kein Token bekommen hatte oder
die Menschenmenge als zu groß empfand oder
wusste, dass Ammas Körper schmerzte, nachdem Sie so viele Stunden Darshan gegeben hatte.

Amma weiß, welche Ihrer Kinder keinen
Darshan empfingen und umarmt sie dann auf
Ihrem Weg aus der Halle. Wenn jemand nicht
zum Darshan geht, um Amma eine zusätzliche
Belastung zu ersparen, würdigt Amma dieses
Opfer immer auf die eine oder andere Weise.
Amma hat jeden und alles in Ihrem Umfeld

im Bewusstsein und durchströmt uns mit so viel Gnade.

Wir lebten schon so viele verschiedene Leben und waren schon alles: Wir waren Männer, Frauen, waren verheiratet, haben zölibatär gelebt. Wir haben immer und immer wieder so viele Geschenke im Leben empfangen, dass es jetzt Zeit ist, uns um andere zu kümmern und auf diese Weise etwas zurück zu geben.

Wir sollten an einem Punkt unserer Entwicklung so weit gekommen sein, dass wir von den zahllosen Segnungen, die wir empfangen haben, freudig etwas zurückgeben. Wenn uns das gelingt, vermehren sich unsere Segnungen.

Ein Schüler von Amma erzählte eine Geschichte:

"Wir starteten im Rahmen von ‚Die Welt umarmen' ein Seva mit Namen ‚Ammas Hände'. Da Ammas physischer Körper jeweils nur an einem Ort sein kann, werden Ihre Anhänger draußen in der Welt zu Ammas Händen. So viele Anhänger möchten unbedingt helfen und dienen und sind inspiriert, wenn sie Amma sehen, aber wenn sie in ihr normales Leben zurückkehren, setzen nur wenige etwas in Taten um. ‚Ammas Hände' ist ein Versuch, das zu ändern.

Wir gehen in Altenheime und kümmern uns um Sterbende. Sie alle sitzen in Rollstühlen und brauchen für alles Hilfe. Sie können nicht selbständig essen und sind völlig einsam. Sie alle sind gequält und verängstigt von schwerer Krankheit und haben keine Familien, die sie trösten, denn für die Familien ist es zu schwer, sie in solcher Verfassung zu sehen.

Wir gehen in die Altenheime und geben Heilungs-Sitzungen und Massagen und bringen ihnen Dinge wie Gebetsumhänge mit. Eine Dame lackiert ihnen die Nägel, um ihnen das Gefühl zu vermitteln, dass sie geliebt und versorgt werden. Wir lesen ihnen vor und singen mit ihnen und versuchen einfach da zu sein. Für jemanden da zu sein ist das größte Geschenk, das man machen kann.

Dieses Seva bringt eine enorme Veränderung in ihr Leben. Sie beginnen wieder zu lächeln und fragen immer, wann wir wiederkommen. Unser Besuch gibt ihnen Hoffnung. Sie strecken ihre Arme aus, greifen nach unserem Gesicht, küssen uns und sagen oft unter Tränen, ‚danke!‘

Wir geben auch den Pflegern Massagen, denn ihr Umfeld ist auch für sie sehr anstrengend. Es ist mein Ziel, so viel wie möglich von Ammas Kindern mit einzubeziehen. Ammas Botschaft lautet, zuerst und vor allem denen zu helfen, die in Not sind.

Ich möchte andere Menschen dazu anregen, so etwas auch zu starten, und zwar so viel wie möglich. So weit die Gruppe ‚Ammas Hände‘ in Boston; wir verbreiten uns auch nach Europa. Wir *sind* Ammas Hände und müssen hinaus in die Welt und Ihr dienen. Wir sollten versuchen, so mit Menschen umzugehen wie Amma, mit so viel Liebe, Mitgefühl und Hingabe wie möglich, so als wären wir Ammas eigene Hände, die jedem dienen.“

Oft wird falsch verstanden, was es heißt, wirklich spirituell zu sein. Manche wenden ein: „Oh, ich bin nicht spirituell, sondern versuche einfach ein guter Mensch zu sein," andere betrachten sich selbst als tief spirituell, gelten aber eigentlich als oberflächlich. Freundlichkeit ist reinster Ausdruck von Spiritualität. Wir sollten uns um Freundlichkeit bemühen. Es ist wirklich nicht so schwierig.

Wer jedem ein echtes Lächeln schenken kann, erklimmt rasch die Höhen der Spiritualität. Wer bereit ist, jedem so zu helfen wie der andere es braucht, weiß, dass Hilfsbereitschaft wahre Spiritualität ist.

Alle spirituellen Übungen dienen der Entfaltung unseres Bewusstseins, damit wir uns konzentrieren und wie Amma im gegenwärtigen Moment verweilen können und einen Strom von Liebe aussenden. Wir sollten nicht denken, dass wir leiden müssen. Selbstloses Dienen führt uns heim in wahre Freiheit und Glückseligkeit.

Kapitel 13

Die Freude zu dienen

*„Wenn du Notleidenden beistehst, fällt
alles Selbstbezogene von dir ab und ganz
unbemerkt findest du deine Erfüllung."*

– Amma

Gnade fließt, wenn wir aus Selbstlosigkeit
gut handeln. Mit der Entscheidung Gutes zu
tun, entdecken wir die magische Formel, um
die Gnade des Meisters zu spüren, selbst wenn
wir uns nicht in räumlicher Nähe zum Meister
aufhalten.

Vor einigen Jahren auf einer Tour mit Amma
in Palakkad war es extrem heiß. In Südindien ist
es gewöhnlich heiß, doch in jenem Jahr übertra-
fen die Hitze und Feuchtigkeit alles Bisherige.
Fraglos litten wir alle darunter. Ich arbeitete
in meinem Zimmer, während Amma Darshan
gab, und versuchte so gut es ging die Hitze zu

überstehen, als jemand kam und mich aufforderte: „Komm mit und hilf uns beim Gemüseschneiden, dir tut es sicher gut, mal ein anderes Seva zu machen!"

Ich dachte: ‚Uh, danke, welch großartiger Vorschlag! Das rettet wirklich meinen Tag, hinaus in die sengende Hitze zu gehen und in der Mittagssonne Gemüse zu schneiden.' Doch dann fing ich mich wieder und dachte: ‚OK, das könnte eigentlich eine gute Idee sein.' Mir wurde bewusst, dass dieser Vorschlag eine Botschaft Gottes war, die mich etwas Nützliches lehren wollte.

Während einer Tour bleibe ich meistens in meinem Zimmer und arbeite an meinen Büchern oder anderen Seva-Projekten, die ich auf den Weg gebracht habe. Gemüseschneiden war ein komplett anderes Seva als für mich gewohnt (obwohl ich vor dreißig Jahren, als ich in den Ashram kam, Gemüse geschnitten habe). Ich ging also nach draußen und die Straße hinunter in ein zeltähnliches Gebilde, das zum Gemüseschneiden errichtet worden war und setzte mich in die Hitze, um gemeinsam mit einigen anderen Leuten Gemüse zu schneiden.

Ich war sehr überrascht, weil ich vergessen hatte, wie viel Spaß es macht Gemüse zu schneiden, obwohl es ‚Weißkohl-Tag‘ war. Man muss dann eine schreckliche Menge Weißkohl für ein Gericht schneiden, das alle ernähren soll. Man schneidet und schneidet unentwegt.

Es gab sieben riesige Behälter voller Weißkohl und egal, wie viel Kohl wir schnitten, die Behälter blieben immer halbvoll. Ich bin sicher, es war Ammas Spiel mit uns, immer noch mehr Weißkohl zu manifestieren, den wir schneiden mussten! Das Lustige war, dass trotz der Hitze und des nicht enden wollenden Kohls das Gemüseschneiden eine solch segensreiche Erfahrung war.

Alle waren zufrieden. Es machte Freude zu sehen, wie jeder zurecht kam und wie hingebungsvoll und vergnügt alle ihr Seva machten. Ich war glücklich, alle einfach zu beobachten.

Mit dabei war ein damals erst drei Jahre altes Mädchen, das seinen Spaß am Mithelfen entdeckte. Sie nahm von jedem die Tabletts mit Kohl entgegen und brachte sie zum großen Behälter. Sie war ganz aufgeregt, weil es ein so lustiges Spiel für sie war. Es war einfach amüsant und erfreulich zu beobachten, wie das Kind seinen Spaß am selbstlosen Dienst entdeckte.

Ein Junge probte ein Lied, das er für Amma geschrieben hatte. Obwohl es ziemlich schrecklich klang, hatte es etwas Rührendes, wie er in der Bruthitze aus vollem Herzen sang. Er trug seine Komposition völlig ohne Scheu, ganz unschuldig und voller Begeisterung vor. Ich wusste, Amma würde das gefallen.

Ein älterer Mann, der kaum Englisch sprechen konnte, wollte am nächsten Tag die Tour verlassen. Ich fand es großartig, dass er seine Zeit opferte und Gemüse schnitt und die so kostbare und knappe Zeit, die er noch hatte, nicht bei Amma verbrachte. Da er mit niemandem reden konnte, schnitt er ruhig vor sich hin, obwohl er stattdessen Amma hätte beobachten können.

Plötzlich schnitt der Mann sich in den Finger, ging hinaus und bekam erste Hilfe mit einem Verband. Ich war richtig traurig, dass er sich verletzt hatte und dachte, er würde nun nicht mehr zurückkommen. Er kam aber zurück und schnitt weiter Gemüse, trotz seines großen Verbands um die Wunde an seinem Finger. Ich war so beeindruckt von der bescheidenen Haltung all dieser Menschen.

Ein Teenager, der mit dabei war, schlug vor das Lautsprechersystem anzustellen, da man die Musik dort wo wir Gemüse schnitten, nicht hören konnte (und fügte leise hinzu, er würde lieber die Swamis singen hören als den kleinen Jungen, der probte). Er entfernte sich mit der Entschuldigung, er wolle die Boxen anschließen. Ich war sicher, dass der Junge nur eine Möglichkeit suchte, dem endlosen Kohl-Schneiden zu entkommen.

Ich dachte: ,Das war's, was wir von dem Jungen sahen; welch guter Vorwand, um von hier wegzukommen. Tschüs, Teenager, wir werden dich nicht wiedersehen!' Wer erwartet von einem Teenager in der Hitze zu sitzen und Kohl zu schneiden?

Nach zwanzig Minuten kam er zurück und die Musik lief. Ich war schon wieder überrascht, denn der Junge war im Handumdrehen zufrieden zu seinem Seva zurückgekehrt und er kam nicht allein. Er brachte seine Eltern mit. Wir sehen im Westen so viele problembelastete Familien, doch diese hier war eine echt

‚funktionierende' Familie. Sie sahen so glücklich aus, miteinander da zu sitzen und zu arbeiten und genossen es, endlose Mengen von Kohl zu hacken.

Diese Menschen besaßen so viel Selbstlosigkeit und Hingabe, die es ihnen ermöglichte, einen Tag voll schrecklicher Hitze in einen Tag zu verwandeln, der erfüllt war vom kühlenden, gnadenvollen Hauch der Meisterin.

Man findet nur selten Gruppen von Menschen, die mit so viel Freude, Engagement und Hingabe ihre Pflichten erfüllen, doch in Ammas Umfeld gibt es überall solche Beispiele, besonders in den zahllosen karitativen Projekten in Ihrem Namen.

Viele Leute übernehmen auch gerne weniger glanzvolle Sevas wie das Reinigen der Toiletten oder Müllsortieren. Obwohl räumlich weit entfernt von Amma, sind sie oft viel glücklicher als diejenigen, die endlose Stunden damit verbringen, in Ihrer Nähe zu sitzen und Sie einfach nur anzuschauen.

Dann gibt es auch Leute, die nur Seva machen, wenn Amma erscheint, damit Sie diese Leute beim Arbeiten sieht, gewöhnlich sind das aber nicht Menschen, die sehr glücklich sind. Es ist wirklich erstaunlich, wie viele Leute anfangen zu arbeiten, wenn Amma kommt. Sie schnappen sich einen Besen oder irgendetwas, das sie nie vorher in die Hand genommen haben, als ob sie denken würden: ‚Amma kommt, alle mal schnell beschäftigt aussehen!' Wenn man aber denjenigen begegnet, die weit von Amma entfernt, zufrieden und ohne Erwartung ihrem Seva nachgehen, bietet sich einer der bezauberndsten und inspirierendsten Anblicke.

Amma ist nicht auf Ihren physischen Körper beschränkt. Sie weiß, was in uns vorgeht, egal, wo wir sein mögen. Wenn wir in selbstloser Haltung Nützliches und Gutes tun, strömt Ihre Gnade ganz bestimmt in uns ein, wo auch immer wir uns in der Welt aufhalten. Selbstloser Dienst ist wirklich tiefste Hingabe und Meditation in Bewegung.

Wenn wir großherzig handeln, ist unser Leben gesegnet, wobei es keine Rolle spielt, ob Amma uns physisch sehen kann oder nicht. Unser Seva muss nicht in Ihrer unmittelbaren Nähe stattfinden, um Ihre Gnade zu erfahren. Es entspricht dem kosmischen Plan, dass die

Gnade uns findet, wenn wir Gutes tun, so wie Eisenspäne von einem Magneten angezogen werden.

Selbstlosigkeit bringt uns Freude, nicht die Suche nach Dingen für uns selbst. Jeder weiß, dass die großartigsten Vergnügen im Leben nichts kosten: einen Sonnenuntergang zu betrachten, jemandem in Not beizustehen, das Gesicht eines lächelnden Kindes anzuschauen, einen Blick von Amma zu empfangen oder sich selbstlos einzusetzen. Diese schlichten Dinge erfüllen unser Leben mit echter Freude.

Wenn wir uns einfach nur unsere Wünsche erfüllen, werden immer nur noch mehr Wünsche geweckt. Wünsche und Verlangen sind endlos; wenn wir aber versuchen, unser Bedürfnis nach persönlicher Erfüllung im Meer von Seva aufzulösen, finden wir mehr Seelenfrieden als irgendwo sonst.

Wir sind so gesegnet mit einem wunderschönen Umfeld, das Amma überall dort, wo Sie ist, für uns entstehen lässt. So viele Menschen in Ihrer Nähe helfen anderen, ohne eine Gegenleistung zu erwarten. Nirgends auf der Welt gibt es eine Stelle, die mit solch tiefem Frieden erfüllt ist und wo so viele verschiedenartige Menschen zusammen sind, wie in Ammas Gegenwart.

In Ammas Organisation ist alles äußerst erfolgreich, denn Gnade und Selbstlosigkeit bilden die Grundlage dieses kreativen Netzwerkes und der Entwicklung von allem, was damit verbunden ist. Ammas Ashram in Indien ist besonders kraftvoll, weil die Geburtsstätte einer Heiligen von äußerst mächtiger und reinigender Energie erfüllt ist.

Als wir vor Jahrzehnten die ersten Gebäude des Ashrams errichteten, besaßen wir nicht einmal einen Schubkarren oder irgendwelche Maschinen und schafften trotzdem den Bau des Tempels und weiterer Gebäude. Die Glocke läutete tagsüber, nicht als Aufruf zu spirituellem Unterricht, sondern als Aufruf zum Seva.

Wir transportierten Sand in flachen Zement-Gefäßen, die wir in einer Menschenkette von Hand zu Hand weiterreichten und trugen auf dem Kopf Steine und Ziegelsteine von einem Ort zum anderen. Amma war immer mit dabei, arbeitete mit uns, inspirierte und trieb uns an.

Allen machten diese Bauarbeiten so viel Freude, selbst wenn unsere Hände rau wurden und brannten und sich die Haut wegen des Zements schälte. Bisweilen entstand ein Wettstreit, wer die meisten Verletzungen an den Händen hatte. Die Haut wuchs nur langsam nach, doch unser Geist machte Höhenflüge.

Meine Hände sind inzwischen so weich, schade. Nur sehr wenig Menschen damals hatten die Chance zu solch intensivem körperlichem Einsatz mit Amma – jene Zeiten waren kostbar. Amma bietet selbst heute noch gelegentlich jedem die Möglichkeit zu solch gemeinsamem Seva. Harte Arbeit kann uns so gut tun. Es ist wichtig, unseren Körper, Gemüt und Gedanken durch hartes Arbeiten für eine gute Sache in Form zu halten.

Wir sind ständig aktiv, selbst wenn wir nur denken. Unsere Gedanken kreisen immerzu um etwas, das uns beunruhigt: was wir als nächstes tun müssen, was jemand über uns redet, wie wir unseren Lebensunterhalt verdienen usw. Der Geist wirbelt ständig herum und produziert Probleme.

Die großen spirituellen Meister Indiens lehren uns von jeher, wie notwendig spirituelle Übungen sind, um unseren Geist zu kontrollieren und in eine positive Richtung zu lenken. Wenn es für uns selbstverständlich wird, Gott all unsere Lebenskraft, alle Gedanken, Worte und Handlungen darzubringen, läutert und klärt sich unser Inneres allmählich.

Wir sollten die Kräfte und Segnungen, die uns im Leben verliehen werden, in Geschenke verwandeln, die wir mit der Menschheit teilen.

Kapitel 14

Überströmendes Mitgefühl

„Die beste Weise sich selbst zu finden, besteht darin, sich in tätiger Nächstenliebe zu verlieren."

– Mahatma Gandhi

Wenn wir sehen, wie viel Amma der Welt gibt, sollten wir uns selbstkritisch fragen: ‚Wie viel gebe ich eigentlich von all dem zurück, was ich bekommen habe?' Wir durften über die Jahre so viele Darshans empfangen, aber wie sehr haben wir uns eigentlich verändert? Können wir sagen, Ammas Liebe wirklich in uns aufgenommen und an andere weitergegeben zu haben?

Haben wir Ammas Lehren innerlich verarbeitet? Können wir ehrlich von uns behaupten, die Mühe aufzubringen, um das auszuschöpfen, was Amma uns unter großem Einsatz schenkt?

153

Vermutlich nicht. Amma verurteilt aber nie jemanden. Sie schenkt uns allen immerzu Ihr absolutes Maximum, ohne jemals etwas zurück zu erbitten.

Amma weiß, dass wir karmisch genau das zurückerhalten werden, was wir aufgrund unserer Lebensweise verdient haben; deshalb mahnt Sie uns im Grunde unablässig, uns weiter und höher zu entwickeln. Sie arbeitet mit jedem von uns an einem Langzeitplan, und selbst wenn wir nichts von dem verdienen, was Sie uns selbstlos gibt, hört Sie nicht auf, uns unendlich viel mehr zu schenken als wir jemals begreifen können.

Amma gibt und gibt und gibt unaufhörlich, egal, wo Sie ist und wem Sie gibt. Sie kann nicht anders. Es ist einfach Ihre Wesensart voll Mitgefühl überzufließen. Wir sollten darüber nachdenken, wie sich *unsere* Wesensart offenbart. Wir empfangen so viel und wollen immer noch mehr. Wie viel geben wir eigentlich zurück oder teilen es mit anderen?

Wir dürfen Ammas Liebe nicht für uns allein behalten. Liebe kann man nicht horten und dabei denken: ‚Die Liebe, die Amma mir schenkt, gehört nur mir allein.‘ Nur in der

Erinnerung an die Liebe zu schwelgen, macht einsam.

Wenn wir aber unsere Liebe mit anderen teilen, erblüht und wächst unser spirituelles Herz. Dann wird die Liebe zur überströmenden Lebenskraft und verströmt ihren zauberhaften Duft in die Welt.

Amma wandte sich einmal am Ende vom Darshan an mich mit den Worten: „Während des Darshan war ich dreimal kurz davor das Bewusstsein zu verlieren." Die Leute merken das nicht; jeder ist so damit beschäftigt, sich zu fragen, was er wohl von Amma *bekommen* kann. Niemand denkt darüber nach, wie hart es für Ammas Körper ist, dies alles Tag für Tag zu leisten.

Am Ende dieses speziellen öffentlichen Programms ging Amma in den Camper und schon fuhren wir zu einigen Häusern Ihrer Anhänger, um dort Pujas durchzuführen. Es war zwei Uhr mittags und Amma hatte gerade erst Ihren Darshan beendet, den Sie Tag und Nacht gegeben hatte. Sie hatte das Programm abends zuvor um neunzehn Uhr begonnen und erst siebzehn Stunden später beendet. Wir denken alle dasselbe: ‚Wie ist es nur möglich, dass Amma so etwas machen kann?'

Kaum hatte Amma den Darshan beendet und das Auto bestiegen, war Sie erfrischt und bereit, schon wieder aufzubrechen, um noch etwas zu geben. Mehrere Anhänger hatten Sie zu sich nach Hause eingeladen, mit der Bitte um eine Puja. Sie lehnte es strikt ab, sich vor diesen Hausbesuchen auszuruhen. Ich sagte zu Ihr: „Amma, du warst nicht einmal im Bad!" Sie erwiderte: „Oh, das macht nichts." Und immer noch war es für Amma nicht zu viel. Sie wollte noch mehr geben.

Wir können den erhabenen Zustand, in dem ein Mahatma wie Amma verweilt, nicht nach-vollziehen. Sie gibt ununterbrochen, doch egal, wie viel Sie gibt, bleibt Sie immer überfließende Fülle. Tatsächlich scheint Amma am Ende des Darshans noch stärker zu leuchten als zu Beginn. Obwohl Ihr Sari vom Makeup und den Tränen der Menschen, die Sie umarmte, Flecken hat und Ihr Haar ein bisschen zerzaust ist, glüht Sie am Ende des Darshans durch und durch. Ein Blick auf Ammas Gesicht zeigt deutlich, wie viel Freude Sie empfängt aus der Liebe, die Sie verschenkt.

Als wir nach dem Siebzehn-Stunden-Darshan und nach den Hausbesuchen ins Auto stiegen, reichte jemand ganz begeistert ein Geschenk für Amma durchs Fenster. Es war ein Topf selbstgemachtes Prasad. Da saß ich nun mit dieser großen Prasad-Schüssel auf dem Schoß und wusste nicht, wohin damit, neben all dem anderen Gepäck, das zu meinen Füßen lag.

Als ich den Deckel hob, sah Amma, was darin war: Erdnüsse, gekochte Erdnüsse, die sehr ölig und mit Kokosnüssen vermischt waren. Die Schüssel war groß und enthielt einen Löffel. Amma wollte davon an die draußen Stehenden etwas weitergeben und ergriff die sich bietende Gelegenheit voll und ganz mit den Worten: „Oh, ich kann Prasad geben!"

Es war für Amma noch nicht genug, weder siebzehn Stunden Darshan zu geben, noch anschließend mehrere Häuser zu besuchen. Amma war erst zufrieden, als Sie außerdem noch jedem Prasad gegeben hatte.

Ich legte den Löffel bereit, den Amma aber nicht benutzte, stattdessen griff Sie mit der

Hand direkt in die Schüssel und reichte die Erdnüsse durchs Fenster. Die Erdnüsse segelten in alle Richtungen, und das waren keine trockenen kleinen Erdnüsse, sondern klebrige, kokosnuss-ölige Erdnüsse, die sich überall hin verteilten. Als ich mich im Auto umsah, dachte ich: ‚O meine Göttin, was wird derjenige wohl denken, was passiert ist, wenn wir ankommen und er das Auto reinigen muss!‘

Die Erdnüsse flogen herum und Amma verteilte sie weiterhin aus dem Fenster, während wir schon losfuhren. Sie konnte Sich Selbst nicht bremsen, Ihr einziger Gedanke war, noch mehr zu geben.

Als wir auf die Straße hinauf fuhren, kamen die Leute aus ihren Häusern, und rannten auf der Straße hinter uns her. An diesem Punkt dachte ich: ‚Genug, Amma, es ist genug! Du hast diesen Leuten genug gegeben. Du brauchst nicht jedem einzelnen, der auf der Straße läuft, etwas zu geben!‘ Amma wollte das aber so und reichte während des Fahrens immer noch mehr Prasad hinaus. Hände voll Erdnüssen flogen aus dem Fenster und jeder war glücklich.

Amma strahlte vor Freude und ich saß da und sagte: „Amma, überall sind Erdnüsse!" Sie klebten an Amma, an mir und überall im Auto. Sie hatte wohl sechzig Hände voll Erdnüsse aus dem Fenster geworfen.

Als wir dann endlich die Fenster schlossen und uns betrachteten, von Kopf bis Fuß bekleckert von Erdnüssen und Kokosnüssen, sagte Amma: „Ja, sie sind sehr ölig." Und beschloss gleich darauf, dass auch wir alle Prasad bekommen müssten! Also nahm Sie noch eine Handvoll und gab Swamiji, dem Fahrer und mir etwas.

Erdnüsse waren jetzt nicht nur hinten, sondern auch überall vorne im Auto. Da saßen wir nun glücklich in diesem kleinen Erdnuss-Hain, sie waren wirklich überall hin verteilt.

Amma war zutiefst beseligt, dass Sie solange geben konnte, bis die letzte Erdnuss verteilt war. Sie glühte sogar noch mehr, nachdem Sie so viel gegeben hatte. Solch ein Augenblick offenbart, dass Ammas Verhalten unbestreitbar übermenschlich ist. Während unser menschliches Verhalten vollkommen begrenzt ist, hat Amma die Anziehungskraft des Irdischen weit hinter sich gelassen.

Wenn wir unsere eigenen Bedürfnisse vergessen, fließt uns kosmische Kraft aus dem Universum zu und füllt uns energetisch auf. Niemand verkörpert diese Wahrheit besser als Amma.

Am Ende eines Darshanprogramms möchte ich nur noch in mein Zimmer, die Türe hinter mir schließen, etwas trinken und mich ablegen, um schließlich etwas auszuruhen, aber nicht so Amma! Sie braucht viele Stunden bis zur Entspannung, liest Briefe von Anhängern, bereitet Ihren nächsten Satsang vor (lernt ihn auswendig, damit er in verschiedene Sprachen übersetzt werden kann), gibt Ratschläge am Telefon und sorgt dafür, dass alle (einschließlich die Hunde) gegessen haben, bevor Sie die einzige Mahlzeit des Tages zu Sich nimmt. Das ist Ihr Leben.

Wir sollten Ammas Beispiel eingehend betrachten und tief darüber nachdenken. Es verleiht uns wirklich läuternde Kraft, wenn wir mit der richtigen Einstellung dienen. Das versichert uns Amma. Wir sind so gesegnet mit der Möglichkeit zum Seva und Dienst am Nächsten.

Nutzen wir das Kostbare, das uns das Leben bietet, denn wirklich? Wir schulden dem gesamten Universum so viel Dankbarkeit; eines Tages müssen wir es zurückgeben. Warum nicht jetzt damit anfangen?

Eine siebzigjährige Amma-Anhängerin arbeitet viele Stunden in der Bäckerei. Sie macht dieses Seva sehr gerne und sagt, ihre Muskelkraft habe sich dabei entwickelt. Sie rührt stundenlang in den großen Bottichen, erst in die eine, dann in die andere Richtung und fühlt als Ergebnis ihrer schweren Arbeit sich jetzt fitter und kräftiger als je zuvor.

Ich hörte wie Amma einmal sagte: „Ich verneige mich lieber vor einem weltlichen Menschen als vor einem arbeitsscheuen spirituellen Sucher." Ein Mensch, der mit der richtigen Einstellung draußen in der Welt hart und anständig arbeitet, ist wirklich viel spiritueller als ein untätiger spiritueller Sucher, der sich zum Zeichen von Spiritualität Asche auf die Stirn aufträgt.

Du musst nicht einmal an Gott glauben, wenn du hart arbeitest im Dienst für andere. Es gibt in den helfenden Berufen so viele Atheisten, die mit wunderbarer Haltung der Welt dienen.

Diese Hingabe bewirkt eine Läuterung ihres Lebens, ob es ihnen bewusst ist oder nicht.

Auch wenn wir noch so viele Mantren rezitieren oder stundenlang im Lotussitz meditieren, drehen sich die Gedanken vielleicht immer noch im Kreise, konzentriert auf ‚mich, ich selbst, ich, was ich wünsche und brauche.‘ Wir sollten Hilfsbereitschaft entwickeln, damit wir den Dunstkreis von Selbstsucht hinter uns lassen.

Amma wird uns zu nichts zwingen; unser Wunsch nach Veränderung muss aus uns heraus kommen. Sie durchschaut die wahre Natur der Menschen und der Welt und erwartet nichts und von niemandem etwas. Das bedeutet aber nicht, dass Sie keine Gefühle für uns hätte; im Gegenteil, Amma liebt uns mehr als wir uns jemals vorstellen können.

Kapitel 15

Unerschütterliche Liebe

„Weißt du, warum es schwierig ist glücklich zu sein? Weil wir nur schwer Dinge loslassen können, die uns traurig machen."

– Lupytha Hermin

Liebe und freiwilliger Einsatz sind die höchsten Ausdrucksformen spiritueller Praxis (*sadhana*), die man anstreben kann. Ihre reinste Form wird nur möglich, wenn wir üben loszulassen.

Wir wissen, dass wir Menschen lieben und materielle Dinge benutzen sollen; wir tendieren stattdessen aber dazu, materielle Dinge aus ganzem Herzen zu lieben und an ihnen zu hängen und Menschen zu unserem eigenen Vorteil zu benutzen und innerlich abzuschreiben, wenn sie nicht länger nützlich für uns sind.

Ammas feinsinnige Form von Losgelöstheit erlaubt Ihr, uns tief und bedingungslos zu lieben. Losgelöstheit bedeutet nicht reserviert und uninteressiert zu sein. Wenn es uns gelingt vollkommen loszulassen, werden wir innerlich erfüllt, und zwar deshalb, weil wir die wahre Natur der Menschen und Dinge, die uns begegnen, verstehen und wissen, dass sie uns kein dauerhaftes Glück bescheren können.

Amma zeigt uns täglich das vollendete Beispiel für die rechte Art in der Welt zu leben und auf jede Situation emotional angemessen zu reagieren. Amma ist bei jedem Kontakt mit dem Herzen dabei, begegnet einem Menschen nach dem anderen und nimmt zutiefst Anteil an ihrer Freude, ihrem Schmerz und ihren Sorgen. Gleichzeitig jedoch ist Amma an niemanden gebunden und wird von nichts erschüttert.

Amma akzeptiert und verzeiht unseren wankelmütigen Geisteszustand. Sie empfindet für jeden, der zu Ihr kommt, nur Mitgefühl, und doch kann niemand Sie aus der inneren Stille Ihres Seins herausbringen.

Die meisten von uns lassen sich immer wieder von ihrer Gewohnheit einfangen, die Dinge negativ zu betrachten; Amma jedoch fällt nicht in diese Negativ-Falle der Gedanken. Anders als wir bleibt Amma losgelöst und lässt einfach den Gefühlen freien Lauf.

Bisweilen leben wir alle in einer selbstge-schaffenen Fantasiewelt aus Hoffnungen und Träumen und stellen uns vor, wie die Dinge sein sollten; was sich dann aber tatsächlich ereignet, ist gewöhnlich weit von unseren Vorstellungen entfernt.

Amma kennt die letztendliche Wahrheit: Sie weiß, dass die Menschen und Dinge, an denen wir hängen, niemals unsere Träume erfüllen können (vielleicht sind sie stattdessen nur Teil unserer Alpträume). Selbst wenn wir nur wenig losgelöst sind, bereitet das inneren Frieden und Behagen und bewahrt uns vor unnötigem Her-zeleid in dieser sich ständig verändernden Welt.

Ein Mann kam zu Amma zum Darshan und bat um eine Frau. Sein Wunsch wurde recht schnell erfüllt und bald darauf war er schon verheiratet. Kurze Zeit später kam er wieder zu Amma und sagte leicht verlegen: „Amma, hmm. Ich habe meine Meinung geändert. Könntest du sie bitte zurücknehmen?" So ist unsere Flatter-haftigkeit beschaffen. Nur wenn wir mit unse-rem höheren Selbst innerlich verbunden sind, können wir unsere Bedürfnisse und Wünsche wirklich erfüllen.

Auf der Reise unseres Lebens begegnen wir tausenden von Menschen und entwickeln alle möglichen Gefühle für sie. Doch anstelle einer gewissen Losgelöstheit von Menschen, geben wir uns ständig Vorlieben und Abneigungen hin und lassen uns oft vollkommen von unseren Gefühlen bestimmen. Wir bleiben Sklaven unserer Sinneseindrücke.

Als Amma vor einer Weile am Ende eines Bhajan-Programms während des Arati auf der Bühne saß, krabbelten einige Babies zu Ihr herüber und Amma nahm sie auf Ihren Schoß. Nach dem Arati ging Amma in einen Nebenraum. Sie war ein paar Minuten frei, weil Sie auf die Tontechnik-Gruppe wartete, die weitere Bhajans von Ihr aufnehmen sollten. Amma bat mich, Ihr in diesen wenigen freien Minuten die kleinen Kinder zu bringen.

Ich ging hinaus, schaute mich um, fand aber nirgends die Kleinen. Andere Leute schauten mich sehnsüchtig an, aber sie waren wirklich viel zu groß! Die Babies waren wohl früh zu Bett gebracht worden oder so. So musste ich

166

also zurückgehen und Amma sagen, dass ich keine Babies finden konnte.

Amma liebt Kinder. Sie möchte mit ihnen spielen und ihnen Ihre Liebe schenken. In Ihr spiegelt sich die vollkommene Unschuld der Kinder und dennoch bleibt Sie innerlich losgelöst. Als ich Amma einmal fragte, warum Sie Kinder derart liebe, antwortete Sie: „Ja, Amma liebt Kinder heiß und innig und hört so gerne ihre kleinen gurrenden Stimmen."

Wir schauten uns an und lächelten. Ich beendete Ihren Satz scherzend: „...aber nach ein paar Minuten gibt Sie sie ihren Eltern wieder zurück, weil sie zu weinen beginnen."

Wir sollten inmitten aller Versuchungen wissen wie die Dinge der Welt beschaffen sind und wie begrenzt unsere weltlichen Verbindungen sind. Reine Liebe wird nicht schwächer, wenn man losgelöst ist, sondern nur noch stärker und tiefer. Ohne solches Verständnis ist Leiden unvermeidlich.

Wo auch immer wir uns in der Welt bewegen, sollten wir uns ihres veränderlichen Zustands bewusst sein und den endlosen inneren Wellen von Gedanken und Gefühlen nicht zu viel Aufmerksamkeit schenken. Amma erinnert immer neu daran, dass diese stets veränderliche, unbeständige Welt uns kein dauerhaftes Glück bereitet. Letztendlich müssen wir nach innen gehen, wenn wir die Quelle echten und dauerhaften Glücks finden wollen.

Es gab eine große jüdische Weise, die zwei Söhne hatte. An einem furchtbaren Nachmittag wurden diese Söhne von einer schrecklichen Krankheit befallen und starben unmittelbar, noch bevor Hilfe gerufen werden konnte.

Die beiden Jungen starben an einem heiligen Tag. Nach jüdischem Brauch soll man sich an solch einem Tag zufrieden und dankbar zeigen. Es gelang ihr irgendwie, den ganzen Tag ihre Trauer zu beherrschen und sich mit äußerster Kraft zu zwingen, fröhlich, voller Vertrauen und Liebe zu sein.

Als ihr Mann nach Hause kam und nach den Jungen fragte, wollte sie ihn nicht aufregen. Sie erwähnte beiläufig, sie seien ausgegangen.

Nach Sonnenuntergang, am Ende des heiligen Tages, eröffnete sie ihrem Mann ein Dilemma: Sie erzählte ihm, vor Jahren sei ein Mann zu ihr gekommen und habe ihr zwei sehr kostbare Juwelen zur Aufbewahrung anvertraut. Kürzlich sei er wiedergekommen und habe die Rückgabe seines Eigentums gefordert. Was sie jetzt machen solle?

Ihr Mann erwiderte, das, was ihr anvertraut worden war, habe ihr niemals gehört und deshalb müsse sie es zurückgeben. Sie pflichtete ihm bei und erzählte ihm, dass Gott gekommen sei, um ihre beiden Söhne zu holen.

Als der Mann vernahm, dass seine geliebten Söhne gestorben waren, begann er zu weinen, doch seine weise Frau tröstete ihn mit den Worten: „Mein lieber Mann, sagtest du eben nicht selbst, dass der Besitzer das Recht hat, sein Eigentum zurückzufordern? Gott hat es gegeben und Gott hat es wieder genommen. Gelobt sei der Name Gottes."

Die weise Frau in dieser Geschichte vermittelt ein wundervolles Beispiel von Losgelöstheit, allerding darf ihre Botschaft nicht missverstanden werden. Amma sagt nicht, wir sollten uns freuen über schreckliche Dinge, die uns im Leben widerfahren. Sie möchte uns einfach an die Vergänglichkeit dieser Welt erinnern: Alles in der Schöpfung zieht sich schließlich wieder in seinen Ursprung zurück. Alles gehört Gott allein.

Amma erinnert uns immer wieder daran, dass wir mit nichts in die Welt kommen und die Welt genauso wieder verlassen, mit nichts. Kein Mensch, kein Ding oder Besitz gehören uns wirklich.

Nur wenn wir das mit Kopf und Herz verstanden haben, fallen alle Anhaftungen und negativen Eigenschaften endgültig von uns ab. Gott allein begleitet uns auf dieser Reise, und Sie hält uns auf dem ganzen Weg fest.

Wenn wir zu schnell und zur Unzeit von uns selbst erwarten, loszulassen und uns eine bestimmte emotionale Haltung abringen, erreichen wir nicht das, was wir wollten; es bereitet uns letztendlich nur Leid. Wenn wir uns zwingen, uns von allen Anhaftungen frei zu machen, ohne dafür geistig vorbereitet zu sein, kehren sie vermutlich rasch zurück und haben ihre aufdringlichen Freunde Eifersucht und Unzufriedenheit im Schlepptau.

Wie oft kommen Menschen nach Amritapuri, um ‚für immer‘ da zu bleiben und wollen sich kopfüber in intensivstes Sadhana und *tapas*

(Entbehrungen, Askese) stürzen. Sie möchten unbedingt moderne Asketen werden und bitten Amma, ihr Ego zu vernichten. Wenn die Dinge aber nicht genau so verlaufen, wie ihr Ego sich das vorstellt, machen sie schnell großes Geschrei und beschweren sich über alles. Wie leicht wird doch vergessen, dass alles dem göttlichen Willen entspringt.

Wenn sich unsere Urteilskraft vertieft und wir genau wissen, was wir im Leben wollen, warum wir es wollen und wie das Ziel zu erreichen ist, fallen zu gegebener Zeit alle inneren Widerstände von selbst weg.

Gnade ist das magische Mittel, das uns dahin trägt, wo wir sein möchten. Es ist so leicht, Ammas Gnade zu gewinnen und doch kann es ein schwieriger Prozess sein, bis man für diese Gnade aufnahmefähig ist. Es setzt ernsthaftes Bemühen und Unterscheidungsfähigkeit voraus, um für die Gnade, die Amma unablässig über uns ergießt, innerlich offen zu sein.

Wie oft sind die Leute von Ammas Gegenwart überwältigt und tief berührt, aber machen sie sich die Mühe, ins nächste Programm zu fahren? Manchmal werden selbst kurze Entfernungen als zu mühsam empfunden, obwohl Amma quer durch die Welt reist, um uns zu sehen. Viele Leute sind einfach nicht bereit, sich für die wichtigsten Dinge im Leben einzusetzen, machen aber viel Aufhebens für Lappalien. Wir erwarten Gnade ohne Anstrengungen, aber das geschieht nur selten.

Ich erinnere mich an die Begegnung mit einer Chinesin aus Malaysia, die sehr berührt und beflügelt war von Ammas Darshan; sie strömte über vor Gefühlen. Als sie im Begriff war nach Hause zu fahren, sprach ich mit ihr und schlug ihr vor, auch ins Folgeprogramm zu kommen, mit dem Hinweis: „Das ist schließlich nur drei Stunden von hier entfernt". Sie erwiderte: „Nein, das ist zu weit."

Wir fordern zwar unser Geburtsrecht, aus dem Brunnen der Weisheit zu trinken, den wir in uns tragen, lehnen aber selbst die geringste Anstrengung ab. Wenn wir so weitermachen, bleibt das so nahe Ziel für uns unerreichbar.

Die magische Formel für Erfolg heißt: Gnade plus Bemühen, verbunden mit dem richtigen Verständnis. Das führt zu Erfolg. Wenn wir aus der Unschuld unseres Herzens unser Bestes geben, strömt uns Ammas Gnade spontan und selbstverständlich zu.

Erst wenn wir gelernt haben, aus innerer Loslösung selbstlos zu dienen, ohne zu urteilen und ohne etwas zurück zu erwarten, empfinden wir wahre Liebe.

Kapitel 16

Die Fähigkeit zu unterscheiden

„Man geht besser alleine als mit der Meute in die falsche Richtung."

— *Diane Grant*

Im Kontakt mit anderen Menschen ist es gut, wenn man sich nicht von seinen Gefühlen und Stimmungen überwältigen lässt. Befreit von Gefühlsduselei erkennt man deutlicher, in welche Richtung der eigene Weg läuft, was zu tun ist und wann welches Verhalten angemessen ist.

Wenn wir gutes Karma durch rechtschaffenes Handeln erzeugen, werden wir von *vasanas* (verborgenen Neigungen) befreit; darauf beruht *viveka-budhi* (Unterscheidungskraft). Der unterscheidungsfähige Verstand will Gutes tun, kommt aber nur in Fluss, wenn man rechtmäßig handelt; beides geht Hand in Hand.

Mit unserer Fähigkeit zu unterscheiden fragen wir uns: ‚Ist mein Tun wirklich wahrhaftig oder ist es geprägt von Urteilen, Vorlieben und Abneigungen und mache ich überhaupt das Richtige? Bin ich auf dem Weg zu etwas Gutem oder entferne ich mich immer mehr davon?‘

Unterscheidungsfähigkeit bedeutet, die Dinge von einer ruhigen Mitte aus zu betrachten, ohne hin- und hergerissen zu sein zwischen Vorlieben, Abneigungen oder anderen emotionalen Vorurteilen. Diese angeborene Fähigkeit sollte all unser Tun bestimmen; das aber geschieht in unserer heutigen überaktiven Welt leider nur selten. Der französische Philosoph Voltaire sagte einmal: „Allgemeiner Verstand ist keineswegs allgemein verbreitet, sondern eher selten."

Während einer Nordindientour brauchte ich einmal ganz dringend neue Schuhe, ging in ein Schuhgeschäft und ließ mich zu einem teuren Paar Schuhe überreden (die ich alleine nie gekauft hätte). Sie kosteten 1200 Rupien, eigentlich ein Vermögen für ein Paar Schuhe, aber meine Begleitperson beteuerte mir, dass ich sie benötigte und sagte: „Die sind das Richtige für dich und tun deinen Füßen gut. Und sie werden Jahre lang halten." Obwohl ich nicht so viel bezahlen wollte, gab ich schließlich nach und hörte nicht auf die leise weise innere Stimme.

Am nächsten Tag schon besuchten wir mit Amma das Haus von Anhängern, und ich ließ meine Schuhe im Camper, um sie nicht zu verlieren. Es begann zu regnen und der Brahmachari, der sich um den Camper kümmerte, wollte uns einen großen Gefallen tun und trug die Schuhe vom Camper hinaus zum Haupteingang, damit wir sie dort beim Hinausgehen anziehen konnten und nicht barfuß durch Schlamm und Pfützen gehen mussten.

Bedauerlicherweise verließ Amma das Haus anstelle des Haupteingangs durch den Seiteneingang, und ich folgte Ihr rasch und eilte ins Auto.

Als wir später am Straßenrand anhielten und eine Pause für Chai und Essen einlegten, fragte ich laut, wo denn meine Schuhe seien. Während ich noch suchte, tauchte der ‚schuhebewegende‘ Brahmachari auf und gestand, er hätte meine wunderschönen nagelneuen Schuhe vor den Haupteingang des Hauses gestellt, das wir gerade verlassen hatten. Er hatte einfach vergessen, mir das zu sagen.

Somit waren meine teuren Schuhe also weg, und ich hatte sie nicht einmal 24 Stunden besessen! In diesem Moment wurde mir klar, dass ich besser meiner eigenen Weisheit gefolgt wäre und etwas Preisgünstigeres gekauft hätte, da zu vermuten war, dass man auf einer indischen Tour Schuhe nicht so lange würde behalten können.

Die spirituellen Werte, die man im Laufe seines Lebens entwickelt, helfen bei der richtigen Entscheidungsfindung. Quellen unseres Unterscheidungsvermögens sind der Verstand, das Herz und die Stimme der Erfahrung. Es ist unsere Intuition, dieser winzige göttliche Funken in uns, der flüstert: „So ist es richtig!" Es ist die ruhige Stimme in jedem Menschen, die stets drängt Gutes zu tun. Wenn man schweigt, kann man sie vielleicht hören.

Man sagt, der einzige Unterschied zwischen Tieren und Menschen besteht in der Fähigkeit zu unterscheiden bzw. im geistigen Scharfsinn. Ansonsten tun wir eigentlich dasselbe wie die Tiere: wir essen und scheiden aus, wir lieben unseren Nachwuchs und verteidigen ihn mit allen Mitteln; so viele Unterschiede zwischen Menschen und Tieren wie wir meinen, gibt es gar nicht.

Tiere folgen einfach ihrem natürlichen Instinkt und sind dabei nie so egoistisch wie wir es sein können. Der natürliche Instinkt der Tiere ist oft reiner und viel besser entwickelt als der des Menschen. Wir wissen, dass das englische Wort ‚dog' (Hund) umgedreht gelesen heißt: God (Gott)!

Ein gutes Beispiel sind die streunenden Hunde, die vor ein paar Jahren im Ashram auftauchten: diese herrenlosen Welpen zielten es direkt auf Ammas Herz ab und leben seitdem in Ihrem Zimmer. Um ehrlich zu sein: die Hunde sind disziplinierter als viele Leute. Sie gehen jeden Morgen zum Archana und zum spirituellen Unterricht und warten abends geduldig auf die Bhajans. Thumban, der Rüde, sitzt immer neben Amma auf dem Pitham, wohingegen Bhakti, das Weibchen, sich unter dem Pitham von Amma den sehr viel bescheideneren Platz aussucht. Bhakti weiß, wie man sich als spirituell Suchender richtig verhält. Feinfühlig wartet sie immer, bis Amma Sich setzt und verkriecht sich dann unter Ammas Sitz.

Ich erinnere mich, wie Amma vor ein paar Jahren anlässlich Ihres Geburtstagsprogramms über den Fluss setzte. Bhakti war morgens gekommen, um Amma zu verabschieden und wer wartete auf derselben Stelle mehr als vierundzwanzig Stunden geduldig auf Sie? Bhakti! Sie wartete demütig, bis sie Amma zu Hause wieder empfangen konnte.

Obwohl wir vermutlich die Unterscheidungsfähigkeit besitzen, die Tieren fehlen soll, tragen nur wir Menschen die schwere Bürde aus Selbstsucht und Ego.

Den Schriften ist zu entnehmen, dass wir uns von Pflanzen zu Tieren und zu menschlichen Wesen und schließlich vom Menschen zum Göttlichen entwickeln, um dann eines Tages völlig ins göttliche Bewusstsein einzutauchen und allmählich zu verstehen, wer wir wirklich sind. Diesen höchsten Zustand erreichen wir aber nur, wenn wir unsere Unterscheidungskraft weise nutzen.

Wie Amma sagt, geraten die animalischen Züge des Menschen in den Teenager-Jahren in

Wallung, was auch von wissenschaftlicher Seite bestätigt wird. Neurologen erklären, dass junge Menschen noch nicht genügend Urteilsvermögen besitzen, weil in ihrem Alter das Frontalhirn als Sitz der Verstandeskraft noch nicht voll entwickelt ist. Das erklärt, warum Kinder und Jugendliche Entscheidungen treffen, ohne die Folgen ihres Handelns zu bedenken.

Vor ein paar Jahren während eines Retreats in Seattle, ging ein Mann seinem Seva sehr pflichtbewusst nach und servierte Chai zum Essen, als mehrere Kinder kamen und einen Chai haben wollten. Er war der Meinung, die Kinder seien noch zu jung für Chai, sagte ihnen das und bediente sie nicht. Damit gaben sich die Kinder aber nicht zufrieden, sondern stemmten ihre Hände in die Hüften und forderten: *„Wir wollen Chai! Wir wollen Chai!"*

Der Mann blieb bei seinem Nein: „Ihr bekommt keinen!" Eines der Kinder kam an den Tisch, an dem er stand, er beugte sich herunter, um mit dem Jungen zu sprechen, aber bevor er wusste, wie ihm geschah, streckte sich der Junge hoch, griff in sein Haarnetz (das alle tragen müssen, die Lebensmittel ausgeben) und zog es ihm über den Kopf.

Während der Mann sich noch von seinem Haarnetz befreite, griff ein anderes Kind nach ein paar Gläsern Chai und alle rannten davon. Der bestürzte Mann merkte, dass ihn eine Bande von Chai-Dieben beraubt hatte, alle weniger als acht Jahre alt!

Wir als Erwachsene mit einem voll entwickelten Gehirn sollten über eine stärkere Urteilskraft verfügen und sie trainieren, indem wir uns der Auswirkungen unserer Handlungen ganz bewusst werden. Mit zunehmender Reife und mit mehr Lebenserfahrungen nimmt das Unterscheidungsvermögen zu; es klug zu nutzen, verleiht mehr Stärke.

Eine Teenagerin erzählte mir von unerwarteten inneren Kämpfen, die sie auszufechten hatte, als sie auf die Universität kam. Sie hatte nie in ihrem Leben Alkohol getrunken oder Drogen genommen, sah sich aber plötzlich von allen Seiten von diesem Problem umgeben. Manchmal boten ihr selbst die Professoren alkoholische Getränke an und die Unterrichtsräume waren voller Studenten auf Drogen.

Sie war sehr versucht, diese verbotenen Substanzen auszuprobieren, hielt sich aber zurück, weil sie sich auf Ammas Lehren besann. Bei ihrem täglichen Gebet der 108 Namen von Amma rezitierte sie das Mantra (75): „Wir verneigen uns vor Amma, die schlechte Eigenschaften wie Stehlen, andere Verletzen und den Genuss von Rauschmitteln sehr missbilligt."

Ammas Namen gaben ihr Kraft, und dennoch tobten in ihr gegen diese Versuchungen immer größere innere Kämpfe. Schließlich sprach sie mit Amma darüber.

Amma erklärte dem Mädchen, ihre Unterscheidungs- und Urteilsfähigkeit habe sie vor einem gefährlichen Fehlverhalten bewahrt und fügte hinzu: „Drogen und Alkohol sind wie Feuer und aus Klugheit hält man seine Hände davon weg, um sich nicht zu verbrennen."

Im Kontakt mit Amma entfalten sich in uns, sozusagen in spiritueller Osmose, viele gute Eigenschaften, die wir sonst nicht hätten. Die Gegenwart einer Heiligen erzeugt eine Atmosphäre, die unsere spirituelle Entwicklung unterstützt. Indem Amma uns in so vielen verschiedenen Situationen zeigt, wie Sie auf jeden eingeht, leitet Sie uns zu rücksichtsvoller Unterscheidungsfähigkeit an.

Wir brauchen nur auf die Stimme der Urteilsfähigkeit zu lauschen, die leise in uns flüstert und gerne gehört werden möchte, aber viel zu oft überhört wird. Obwohl wir alle mit der Fähigkeit zu unterscheiden ausgestattet sind, nutzen wir diese leider so selten. Das ist der Hauptgrund warum wir so viel leiden.

Wir sollten unsere Unterscheidungskraft in die erste Reihe stellen und uns bewusst und achtsam verhalten, eingedenk dessen, dass all unser Tun Konsequenzen hat. Wir haben die Wahl, Gott damit näher zu kommen oder uns von Ihm zu entfernen.

Mögen wir in jeder Situation mit Scharfsinn, als der uns angeborenen Kraft, Hindernisse auf unserem Weg beseitigen. Mögen wir uns um die Unschuld eines Kindes bemühen, das auf seine Mutter hört. Amma verzeiht uns alle Fehler. Seien wir ohne Furcht. Wenn wir aufgrund von Fehlurteilen hinfallen, können wir nur im Schoß der Göttlichen Mutter landen, nirgendwo sonst.

Wenn uns die Kunst der Unterscheidungs-fähigkeit gelingt, werden wir innerlich immer lächeln, egal, wie viel Auflösung und Chaos uns im Außen bedrohen.

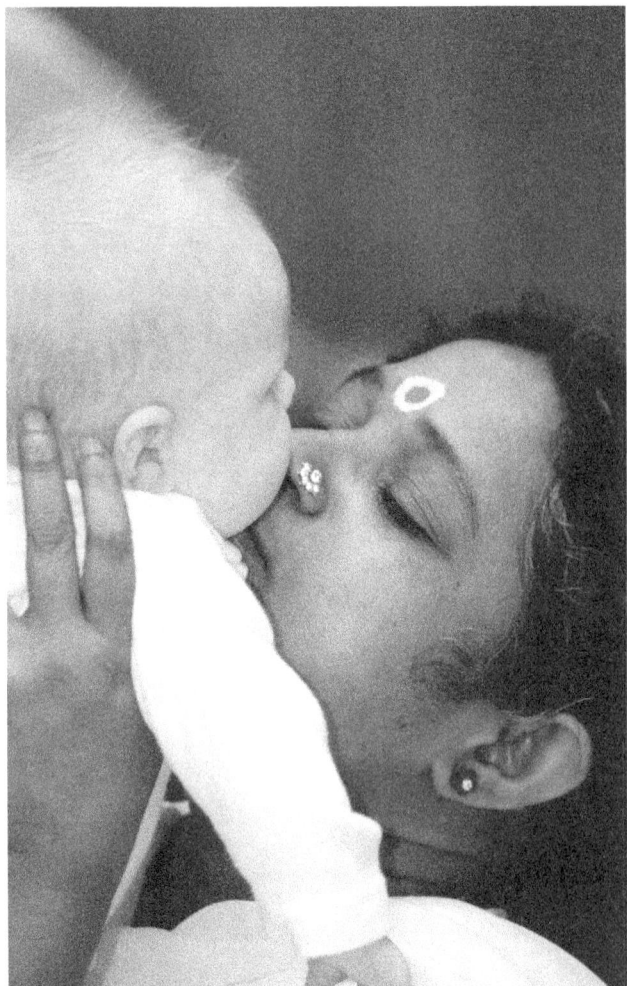

Kapitel 17

Lernen zu wählen

„Welchen Tag haben wir?" fragte Pu.
„Es ist der heutige Tag", quietschte Ferkel.
„Mein Lieblingstag," sagte Pu.

— A.A. Milne

Es ist unsagbar schwierig, sich von dem ‚Klebrigen' des Geistes zu befreien; er stellt uns ständig Fallen. Der menschliche Geist ist enorm vielschichtig, unbeugsam und bedauerlicherweise kleben wir an ihm fest und bleiben wirklich in ihm stecken.

Trotz unserer aufrichtigsten Hoffnungen und Wünsche kommt der Geist nie zur Ruhe und wird nicht unser Freund, denn er ist programmiert auf die Suche nach Vergnügen (findet aber stattdessen gewöhnlich nur Elend). Solange wir nicht den Zustand der Gottverwirklichung erreichen, schweift der Verstand immerzu von der Wahrheit ab und versucht uns hinter sich herzuschleppen.

Man sagt, das Ziel des menschlichen Lebens besteht in der Suche nach dem wahren Glück, doch unser Geist sucht an den verkehrten Orten. Man kann sich so leicht täuschen lassen; schließlich ist so viel von dem, was wir meinen zu sein, Produkt dieses zügellos umherschweifenden Verstandes.

Die spirituellen Traditionen bieten viele verschiedene Methoden, die uns erlauben, innerlich Abstand zu gewinnen und zum Zeugen dieses endlosen inneren Gedankenstroms zu werden. Diese Techniken tragen zur Beruhigung des Geistes bei und befreien uns von klebrig anhaftenden Gedanken und Gefühlen, die uns an trügerische Dinge binden wollen.

In Wahrheit bist du nicht dein Geist; du bist nicht dein Körper; du bist nicht deine Gefühle. Du bist das reine, immer still beobachtende Selbst, doch Maya verschleiert dieses Selbst hartnäckig durch tausend herumwirbelnde Gedanken.

Diese Art und Weise, sich innerlich mit anhaftenden Gedanken anzufüllen, verursacht uns so viel Leid. Wir identifizieren uns vollkommen mit unserem Körper und unseren Gefühlen, weshalb es für uns kaum vorstellbar ist, dass unser wahres Wesen der ewig freie *Atman* (höchstes Bewusstsein) ist.

Wir sagen zwar, dass wir uns spirituell entwickeln möchten, kommen aber nicht weiter, wenn wir lediglich unseren Pflichten nachgehen, ohne unser Herz zu öffnen. Wir wissen meistens, was korrekterweise zu tun ist, selbst wenn wir uns nicht immer daran halten; sollten aber versuchen, dem zu folgen, was richtig ist, auch wenn wir nicht so empfinden. Das trägt dazu bei, unsere Grenzen zu überwinden.

Wir waren einmal auf einem Kurzflug von Mauritius zur Insel Réunion; ich saß neben Amma, als Sie unvermittelt meine Hand nahm und sehr vertieft hinein schaute.

Sie setzte gerade an, mir zu erzählen, was Sie sah und war nahe daran, mir die Geheimnisse aller meiner Leben zu enthüllen, als jemand im Gang auf mich zukam, mir auf die Schulter tippte und flüsterte: „Darf ich Amma eine Frage stellen?"

Meine Schultern sackten etwas ab und ich zögerte einen Augenblick. Ich will damit sagen, wie oft gibt es die Chance, dass Amma dir deine Vergangenheit und Zukunft liest? Aber was hätte ich anderes tun können?

Ich setzte widerstrebend ein Lächeln auf und antwortete: „Ja." Dieser Moment mit Amma war vorbei. Wir kamen nie wieder darauf zurück.

Auch wenn es manchmal schwierig ist, sollten wir versuchen, nicht zu sehr auf den Verstand zu hören, denn er möchte uns stets von dem abhalten, was richtig ist. Er trickst uns aus, indem er alles nach seiner eigenen verdrehten Logik rechtfertigt und uns Dinge erzählt wie:

Schokolade stammt vom Kakaobaum und ist somit eine Pflanze. Deshalb ist Schokolade Salat!

Wir machen nur Fortschritte, wenn wir bewusst über das geforderte Minimum hinausgehen. Wenn wir wirklich spirituell wachsen wollen, ist es ganz wesentlich, unsere Urteilsfähigkeit zu entwickeln und zwischen dem Ewigen und dem Vergänglichen zu unterscheiden lernen.

Wir müssen erkennen, was zu dauerhaftem Glück und Seligkeit führt und was nur kurzzeitige Freude (und letztendlich Leiden) bereitet.

Unsere Unterscheidungsfähigkeit einzusetzen, bedeutet gleichzeitig, mit jeder von uns getroffenen Entscheidung Gott näher zu kommen.

Ein junger Mann, der den Ashram in Amritapuri besuchte, stellte fest, dass Amma den Ashrambewohnern in Ihrem Zimmer privaten Darshan gab und somit den Besuchern nicht Darshan geben konnte. Er verließ den Ashram und fuhr für eine Woche zum Strand nach Varkala und jammerte, keine Chance zur Begegnung mit Amma zu bekommen.

Während seiner Abwesenheit rief Amma alle westlichen Besucher in Ihr Zimmer und erlaubte ihnen, mehr als eine Stunde bei Ihr zu sitzen. Alle waren zutiefst glücklich, alle außer diesem jungen Mann. Als er von seinem Strandurlaub zurückkam, war er zutiefst enttäuscht als er hörte, was er versäumt hatte. So ist das: Wenn wir nicht wach sind und uns vom Pfad entfernen, entgehen uns unwiederbringliche kostbare Gelegenheiten.

Wir gehen im Leben durch so viele Enttäuschungen, weil wir unser Unterscheidungsvermögen nicht nutzen.

Wir sind die Ursache unseres eigenen Leids. Wenn wir unser Urteilsvermögen einsetzen, wird uns bewusst, dass jede Situation einen guten Grund hat. Unser Leid entsteht aus der Art und Weise unseres Handelns in der Vergangenheit; das ist aber kaum nachvollziehbar, da die karmischen Folgen sich möglicherweise erst nach mehreren Leben offenbaren.

Alles, was uns widerfährt, geschieht aufgrund unseres Handelns in der Vergangenheit, dessen Folgen man immer zu tragen hat. Nichts geschieht zufällig; Ursache und Wirkung sind untrennbar miteinander verknüpft.

Akzeptanz ist die richtige Einstellung und intelligenteste Lebenshaltung. Akzeptanz und Unterscheidungsfähigkeit ist ein und dasselbe. Nur mit einem reinen, offenen Herzen kann man sich auf all die verschiedenen Situationen im Leben einstellen und sie akzeptieren.

Statt aus dieser Erkenntnis heraus zu handeln, bekämpfen wir oft unsere augenblickliche Situation und überschütten alles und jeden in unserer Umgebung mit Vorwürfen, Vorurteilen und Ärger. Wir nutzen unsere Fähigkeit zu unterscheiden nicht richtig, sondern drehen alles so hin wie es unserem Ego passt.

Wenn wir mit unserem Leiden so beschäftigt sind, dass wir an den schmerzvollen Erfahrungen festhalten, anstatt sie loszulassen, betrachten wir die Dinge nicht richtig. Die westliche Psychologie besteht oft darauf, unseren Schmerz wieder zu erleben und immer und immer wieder zu erfahren. Die Hindu-Philosophie dagegen vermittelt, ihn einfach loszulassen.

Wir betrachten die Welt nicht aus einem angemessenen Blickwinkel und mit der richtigen Wahrnehmung, denn sonst könnte uns nichts verletzen. Unterscheidungsfähigkeit trägt dazu bei, diese Wahrheit zu begreifen: Alle Lebensumstände sind nur Lehren, die darauf warten enthüllt zu werden. Würden wir unsere Urteilskraft richtig nutzen, hätten wir niemals negative Gefühle gegenüber Menschen oder Erlebnissen.

Das soll nicht heißen, dass wir alle Verhaltensweisen bejahen sollten. Es kommt ein Augenblick aufzustehen und NEIN! zu sagen, wenn etwas unrecht ist, zum Beispiel bei häuslichem Missbrauch oder anderen Vorfällen von Gewalt. Wenn ungehörige Dinge passieren, muss man aufstehen und versuchen, das zu beenden. Doch selbst, wenn wir uns für etwas Richtiges einsetzen, sollten wir eine bestimmte Ebene von Nicht-Bindung und Urteilskraft behalten (denn niemand hört gerne, dass er etwas falsch machte.)

Ich werde nie die Schockwirkung einer Zeitungsnachricht vergessen, die ich über einen Mann las, der bewusstlos auf die Zuggleise gefallen war. Eine Überwachungskamera hatte aufgezeichnet, wie ein anderer Mann ebenfalls auf die Gleise sprang, anscheinend, um dem hingefallenen Mann beizustehen und sein Leben zu retten. Die Kamera zeichnete schockierenderweise auf, dass der zweite Mann die Taschen des Opfers durchwühlte, dessen Wertsachen raubte und dann weglief. Er ließ den hilflosen Mann auf den Gleisen liegen, wo ihn der Zug mit Sicherheit überfahren würde.

Dieser Vorfall ist absolut entsetzlich, zeigt aber leider sehr genau den desolaten Zustand der heutigen Welt. Statt einander zu helfen, um hoch zu kommen, stoßen wir uns gegenseitig herunter, treten auf andere, um höher zu klettern und rauben sie währenddessen aus.

Unser Sein als Abbild Gottes ist etwas ganz Besonderes, was wir aber ständig vergessen. Amma verkörpert das Göttliche, das in jedem von uns innerlich vorhanden ist. Sie verkörpert das Gewahrsein, dass Gott überall gegenwärtig ist und handelt aus dieser Wahrnehmung heraus mit universeller Weisheit, die Sie in jeder Situation unmittelbar verströmt.

Amma setzt Ihre Unterscheidungskraft vollendet ein, jenseits aller negativen Tendenzen. Sie sieht Gott in allem, in jedem Teil der Schöpfung. Überall Gottes Hände wahrzunehmen ist der höchste anzustrebende Zustand. Wenn wir diese Sichtweise erlangen, können wir erkennen, warum in diesem Universum alles so geschieht. Aus diesem Bewusstsein entsteht ganz spontan tiefes Mitgefühl für das Leid aller Wesen.

Amma hat nach menschlicher Vorstellung wirklich den höchsten Gipfel erreicht, und wir nicht. Üblicherweise erreicht den niemand, weil wir uns nicht ernsthaft genug anstrengen. Amma umfasst das, was wir eigentlich auch sein sollten (und übersteigt es sogar noch). Die meisten von uns begrenzen sich selbst auf eine Mittelmäßigkeit.

Amma zu betrachten, heißt zu verstehen, warum wir als Mensch geboren wurden und wie selbstlos man sein kann. Wenn wir Amma wirklich wahrnehmen, werden wir uns bewusst, dass Gott eigentlich in jedem von uns anwesend und für uns verfügbar ist.

Ein junger Mann fragte Amma einmal: „Was ist der schnellste Weg zur Erleuchtung?"

Amma antwortete ihm: „Der Erleuchtung hinterher zu laufen ist so, als wärest du mitten im Wald hungrig und müde, während dich ein Löwe verfolgt. In diesem Moment kümmerst du dich nicht um Hunger oder Müdigkeit, sondern nimmst alle Energie zusammen, um dem Löwen zu entkommen. Diese Haltung ist Voraussetzung dafür, das Ziel zu erreichen.

Stell dir vor, du sollst gerade erhängt werden und es bietet dir jemand eine Million Euros an. Das interessiert dich überhaupt nicht, denn du versuchst dem Henker zu entkommen. In dem Moment kümmerst du dich um keinen materiellen Besitz, sondern willst nur dem Tod entkommen. Das einzige, was zählt, ist deine Haltung."

Da wir auf der Erde leben, brauchen wir das Verständnis für das wahre Wesen weltlicher Dinge und für das Begrenzte unserer irdischen Beziehungen. Wer das nicht versteht, bleibt nicht vor Leiden bewahrt. Amma ruft uns immer wieder ins Bewusstsein, dass die sich stets wandelnden Erscheinungen dieser unbeständigen Welt uns kein dauerhaftes Glück bescheren.

Unsere Fähigkeit zu unterscheiden ruft uns auf, nach innen zu schauen und unser eigenes wahres Wesen wahrzunehmen, das die ständige Wellenbewegung unseres Geistes hinter sich lässt (transzendiert). Erst mit der Wahrnehmung, wer wir sind, wird uns bewusst, wer auch die anderen sind. Erst dieses Bewusstsein macht deutlich, wie man zum vollkommenen menschlichen Wesen wird. Wollen wir wirklich die Quelle dauerhaften Glückes finden, sind wir gezwungen nach innen zu gehen.

Amma kennt Ihr wahres Selbst, weshalb Sie die größte Glückseligkeit gefunden hat, die jemals erreicht werden kann. Sie hat jenseits des herumschweifenden Verstandes alle unruhigen Gedanken mit Ihrer vollkommen natürlichen Unterscheidungskraft bezwungen. Sie ist zu

hundert Prozent ergeben und lebt mit hundert-
prozentigem Vertrauen in Gott.

Unser Verstand dagegen ist festgefahren und
aufgewühlt von überströmenden Gedanken und
ständigen Zweifeln. Das dauert so lange an,
bis wir vollkommen verwirklicht sind. Glücklicherweise besitzen auch wir das Geschenk der
Unterscheidungsfähigkeit, was uns retten kann,
wenn wir es nutzen.

Kapitel 18

Von der Achtsamkeit zum Gottvertrauen

„Es gibt eigentlich keine neue Botschaft über Spiritualität zu überbringen. ‚Alles ist Gott, es gibt nichts außer Gott.‘ Das ist die einzige Botschaft. Das ist die einzige Botschaft der Upanishaden, Veden, Bhagavad Gita und Puranen. Wenn man sagt, es gibt 108 Upanishaden, sollte man das so verstehen, dass sie eigentlich 108 verschiedene Mitteilungsformen für dieselbe Botschaft sind.“

– Amma, Guru Purnima 2012

Das Leben wird für uns viel leichter, wenn wir lernen, unsere Geisteskräfte angemessen einzusetzen, indem wir all unsere Energien – unsere Gedanken, Ideen und Träume – durch spirituelle Übungen positiv ausrichten. Es verspricht zwar niemand, das Leben werde plötzlich mühelos, aber es kann sich mit unglaublich schönen Erfahrungen füllen.

Im Ashram lebt ein Brahmachari, der nirgendwo hinreist und zu scheu ist, um Amma direkt anzusprechen. Er spricht stattdessen mit Ammas Foto und erzählt Ihr auf diese Weise all seine Probleme. Als er seinen privaten Darshan in Ammas Zimmer empfing, stellte er keine Fragen, doch Amma, innerlich auf ihn eingestellt, beantwortete ihm seine inneren Fragen eine nach der anderen in genau der Reihenfolge, in der er sie Ihrem Foto gestellt hatte.

Er war verblüfft; schließlich fragte Sie ihn: „Warum weiß ich all diese Dinge?"

Er antwortete: „Amma, weil du Devi bist."

Amma erwiderte freundlich: „Nein, weil du vor dem Foto zu mir gesprochen hast." Amma hört uns wirklich, egal, wo wir in der Welt gerade sind. Sie Selbst ist der Beweis dafür, dass die Kraft der Liebe die Grenzen von Zeit und Raum überwindet.

Zu oft werden wir von Vorstellungen begrenzt, die uns an der Entfaltung unseres höchsten Potentials hindern. Der Geist ist stets voller Zweifel, doch die Innigkeit wahrer Liebe lässt alle Zweifel dahin schmelzen und schenkt unserem Herzen Frieden.

Als wir während der Südindientour 2015 in Madurai ankamen, ging Amma sofort in die Halle, um allen ein Essen zu servieren. Es war Pongal, das Neujahrsfest von Tamil Nadu, für die Tamilen der wichtigste Feiertag. Amma speiste all Ihre Devotees und sang mit ihnen Bhajans. Am Ende des Essens fragte Sie, ob jemand einen Witz erzählen wolle.

Eine Frau nahm das Mikrofon und setzte gerade an zu sprechen, als Amma sie anschaute und heftig zu lachen begann. Die Frau war tief berührt und begann unmittelbar zu weinen.

Mit Tränen in den Augen erzählte sie ihre Geschichte: Am Tag zuvor hatte ihr Mann sie gebeten, für Amma *payasam* (süßen Pudding) zu kochen, weil Amma sie danach fragen könnte. Die Frau hörte nicht auf ihren Mann; sie war zu sehr mit ihrem Seva beschäftigt, der Vorbereitung des Fahrdienstes für Devotees, die am nächsten Tag zum Programm kommen wollten.

Sie dachte bei sich selbst: ‚Amma wird Sich nicht wünschen, dass ich für Sie Payasam koche. So viele Ihrer Devotees sind wohlhabender und einflussreicher als ich. Ich bin nichts Besonderes, warum sollte Sie Sich bemühen, mich zu fragen?'

Als Amma die Halle betrat, wandte Sie Sich unverzüglich an diese Frau und fragte: „Wo ist mein Payasam?" Die Frau weinte immer noch während sie das alles in Bezug auf Amma erzählte und wiederholte, sie habe gedacht, ganz unbedeutend zu sein.

Amma schaute sie unbeschreiblich süß an und erwiderte: „Für Amma ist niemand unbedeutend. Amma liebt jeden, egal, wer er ist. Es spielt für Amma keine Rolle, ob jemand eine einflussreiche Position inne hat oder einfach eine Hausfrau ist. Für sie ist jeder etwas Besonderes." Amma fügte hinzu, in dem Moment als die Frau überlegt hatte, ob sie Ihr Payasam kochen solle, habe Amma das gespürt.

Das Bestreben, sich mit Ammas Sphäre zu verbinden, ist so viel schöner als sich in der Maya unseres unbeständigen Geistes zu verlieren. Wir sollten geistig wach und bewusst sein und im gegenwärtigen Augenblick leben, anstatt unseren Geist mit Vorstellungen von uns zu benebeln, die uns definitiv nicht entsprechen.

Der Verstand denkt ständig irgend etwas, verweilt irgendwo (außer im gegenwärtigen Moment) und hängt irgendwelchen Gefühlen nach, von denen aber keines dem kostbaren Juwel, das wir wirklich sind, gerecht wird. Wir erzählen uns selbst: ‚Oh, ich bin wie...‘ und fallen lange Zeit in ein Loch, total in die Irre geführt von unseren Hirngespinsten.

Diese kleinen Stimmen, die wir ständig in unserem Gemüt vernehmen, sind ohne Substanz und verändern sich fast von Sekunde zu Sekunde: ‚Ich hasse diesen Menschen; ich beneide diesen Menschen; ich bin solch ein Versager.‘ Der Verstand füttert uns ständig mit Zerrbildern der Wirklichkeit und wir nehmen ihm das wie hilflose Kinder immer wieder ab.

Waches Bewusstsein ist unser großartigster Verbündeter in unserem Kampf gegen das, was im Kopf vorgeht und trägt bei zu der Erkenntnis, dass wir nicht die vielschichtigen Gedanken sind, die durch uns hindurchströmen.

Wenn wir aber diese Gedanken bewusst bekämpfen, werden sie manchmal sogar noch intensiver. Der Versuch, unsere Gedanken und Wünsche bewusst abzustoppen, gelingt nicht wirklich und verursacht oft Ängste oder Depressionen. Wir sollten versuchen, unser Inneres durch Akzeptanz und Losgelöstheit zu bezähmen und uns unseres wahren Wesens bewusst zu werden.

Amma ist unser Stein der Weisen. Wenn wir an Sie denken, verwandeln sich unsere dunklen Impulse in Licht. Sie bietet Sich an, in unserer Verbundenheit mit Ihr negative Gedanken in glückselige umzuwandeln.

Wenn wir an Amma denken, wird unser Geist in eine konstruktive Richtung gelenkt, heraus aus der leidvollen Spur, in der er sich gewöhnlich bewegt. Amma übernimmt das für uns und führt uns zurück zu Gott. Auf diese Weise richten wir uns tatkräftig neu aus auf eine positive, freudige Einstellung.

Während eines Programms in Japan stolperte einmal ein Mann hinter Amma her, als Sie die Halle verließ. Die Art wie er sich bewegte, ließ vermuten, er sei Alkoholiker oder hätte ein anderes Gesundheitsproblem. Er beleidigte gellend laut die Japaner um ihn herum, obwohl alle sehr freundlich und respektvoll mit ihm umgingen.

Als er sich Amma näherte, hörte seine Schimpftirade völlig auf und er verging in Liebenswürdigkeit. Am zweiten Tag des Programms kam er früh am Morgen zur Meditation und betrat die Halle heiter lächelnd, verwandelt in einen sehr freundlichen Mann. Amma ist die Verkörperung der Liebe selbst; Sie besänftigt das wilde Tier in uns allen.

Es ist schwierig, wertvolle Gefühle wie Mitgefühl, Empathie und Liebe innerlich wach zu halten, doch spirituelle Übungen wie Mantra-Rezitation, Meditation, selbstloser karitativer Dienst tragen dazu bei, uns mit segensreichen Dingen zu beschäftigen, die uns Freude bereiten. Anderen zu helfen, bringt auf jeden Fall geistigen Gewinn und fördert unsere Selbstdisziplin.

Wenn sich unser Herz öffnet und wir auf einen anderen Menschen zugehen, ein Kind umarmen oder die Tränen eines Leidenden trocknen, erfahren wir, was wahre selbstlose Liebe ist. Liebe ist die Quelle unseres wahren Wesens. Amma lebt Ihr Leben auf diese Weise und wünscht Sich, dass auch wir so leben.

Es gibt die berührende Geschichte eines sehr aufrichtigen Amma- Devotees. Er arbeitet

sehr viel als freiwilliger Helfer in der Küche des Ashrams, obwohl er selbst sehr arm ist.

Er war überglücklich, als das Hochzeitsdatum seiner Tochter festgesetzt wurde, doch als der Hochzeitstag näherrückte, verwandelte sich sein Glücksgefühl in Sorge. Er hatte nicht genügend Geld, um die Hochzeitszeremonie auszurichten.

Die Einladungskarten waren gedruckt, doch aufgrund der fehlenden Geldmittel konnten nur sehr wenig Leute eingeladen werden. Er beschloss zum Darshan zu Amma zu gehen und Ihr die erste Einladungskarte zu überreichen, in der Hoffnung auf etwas Entlastung von seinem Stress und der Belastung, die er durchmachte.

Der Mann holte sich ein Token, wartete stundenlang in der Schlange und kam schließlich bis zu Ammas ausgestreckten Armen. Überwältigt von Freude und Sorgen reichte er die Einladungskarte zu Amma hin, wurde aber im Gedränge um Sie beiseite geschoben und verpasste seinen Darshan. Es war für ihn unmöglich, sich wieder in der Reihe einzuordnen, weil er sein Token schon abgegeben hatte.

Der Mann war völlig niedergeschlagen, weil er Amma seine Probleme nicht erzählen konnte.

Kummer plagte ihn: woher sollte er bloß das Geld für die Hochzeit nehmen? Er ging in die Kantine und ließ sich dort weinend nieder. Ein Freund des verzweifelten Vaters nahm wahr, wie fassungslos dieser war und ging zu ihm, um ihn zu trösten. Als sie miteinander sprachen, gesellte sich ein Devotee aus Singapur zu ihnen.

Als der Mann aus Singapur die Geschichte gehört hatte, zog er einen Umschlag aus seiner Tasche und übergab sie dem Vater mit den Worten: „Nimm dies hier und mach dir keine Sorgen." Dann stand er auf und ging davon.

Der alte Mann öffnete das Päckchen vorsichtig und sah, dass es 50.000 Rupien enthielt. Er war entgeistert und hatte das Gefühl, er könne das Geschenk auf keinen Fall annehmen und lief deshalb hinter demjenigen her, der ihm das überreicht hatte. Als er ihn einholte, bedankte er sich, fügte aber hinzu, er könne derart viel Geld nicht annehmen. Er betonte, Amma werde Sich all seiner Nöte annehmen und versuchte den Umschlag zurückzugeben.

Der Devotee erwiderte ruhig: „Sei versichert, dass das Geld ein Geschenk von Amma ist; ich werde es nicht zurücknehmen. Es soll für die Kosten der Hochzeit deiner Tochter sein."

Amma ist nicht auf Ihren physischen Körper begrenzt. Sie wirkt durch uns alle und ist immer bei uns, ob wir uns dieser Wahrheit bewusst sind und sie verspüren oder nicht. Auf wie wunderbare Weise gießt Sie Ihre Gnade über uns aus, oft zu Zeiten und an Orten, die wir zuletzt erwartet hätten. Ihre Gnade reicht so weit, dass wir friedlich und zufrieden leben können, auch inmitten all der auftauchenden Probleme.

Ein Mädchen fragte mich: „Welches ist der beste Schlüssel zum Glück?"

„Das ist sehr einfach", erwiderte ich. „Vergiss dich selbst und denke an die anderen." Wenn wir das Negative, das in uns wächst, herausreißen, werden wir befreit.

Wir erreichen die letztendliche Freiheit und Glückseligkeit unseres Lebens nur auf dem Fundament echter spiritueller Grundsätze; dazu bedürfen wir aber eines Polarsterns, der uns geleitet. Amma bietet Sich uns selbstlos als Polarstern hier auf der Erde an. Dank Ihrer

Führung wird uns eines Tages die Wahrheit jenseits aller Zweifel bewusst sein, dass Ich das Selbst bin, ich bin reines Bewusstsein, ich bin Glückseligkeit. Dies ist tatsächlich das wahre Wesen von allem.

www.ingramcontent.com/pod-product-compliance
Lightning Source LLC
LaVergne TN
LVHW051730080426
835511LV00018B/2984